ro
ro
ro

**100 Jahre im
Liveticker. Ein nie da gewesenes
Geschichtspanorama.**

Dirk Gieselmann wurde 1978 in Diepholz bei Bremen
geboren. Er ist seit 2006 Redakteur beim Fußball-
magazin «11 FREUNDE» und schreibt nebenbei für
den «Tagesspiegel» und «Das Magazin». Gewinner
des Deutschen Reporterpreises 2013.
Fabian Jonas wurde 1978 in Kaufbeuren im Allgäu
geboren. Seit 2011 ist er freier Schlussredakteur
für «11 FREUNDE», Autor des Fußballbildbandes
«Kunstschuss» und schreibt und lektoriert für ver-
schiedene Magazine und Verlage im In- und Ausland.
Lucas Vogelsang wurde 1985 in Berlin geboren.
Mittlerweile hat er mit dem Liedermacher Rainald
Grebe ein Theaterstück verwirklicht, mit Thomas
Gottschalk eine Fernsehsendung an die Wand ge-
fahren und ist freier Autor für den «Tagesspiegel»,
«Playboy» und die «ZEIT». 2013 wurde er mit dem
Deutschen Reporterpreis ausgezeichnet.

**Die Autoren haben für ihren Liveticker
den Henri-Nannen-Preis und den Grimme Online
Award bekommen.**

GIESELMANN — JONAS — VOGELSANG

UND NUN ZUM WETTER

100 JAHRE WELTGESCHICHTE IM LIVETICKER

Rowohlt Taschenbuch Verlag

Originalausgabe

Veröffentlicht im Rowohlt Taschenbuch Verlag,

Reinbek bei Hamburg, April 2014

Copyright © 2014 by Rowohlt Verlag GmbH,

Reinbek bei Hamburg

Zitate auf S. 49, 55 und 72 aus: Victor Klemperer.

Ich will Zeugnis ablegen bis zum letzten.

Tagebücher 1933–1945. Hrsg. von Walter Nojowski

unter Mitarbeit von Hadwig Klemperer

© Aufbau Verlag GmbH & Co. KG, Berlin 1995

Titelgestaltung, Layout und Illustrationen

Katharina Noemi Metschl

Gesamtherstellung CPI books GmbH, Leck

Printed in Germany

ISBN 978 3 499 62856 6

«Bedenke auch, dass alle Zeit,
in der wir nicht waren,
mag ihre Dauer auch von Ewigkeit sein,
für uns wie nicht gewesen ist.»

— *Lukrez*

«Ich wollte nämlich schreiben,
mein Werk bestehe aus zwei Teilen:
aus dem, der hier vorliegt, und aus
alledem, was ich nicht geschrieben habe.
Und gerade dieser zweite Teil ist der
wichtige.»

— *Ludwig Wittgenstein*

«All this happened, more
or less. The war parts, anyway,
are pretty much true.»

— *Kurt Vonnegut*

1. Januar 1914 — Liebe Leser, bitte einsteigen, sie geht los: die Reise durch hundert Jahre, die sogenannte Geschichte, ein Land vor unserer Zeit und eine Zeit vor unserem Land. Werden wir uns fühlen wie Touristen in einem klimatisierten Reisebus, Kennzeichen SM für Schmalkalden-Meiningen, der innerhalb weniger Stunden am Schloss von Versailles, an der Wolfsschanze und dem Checkpoint Charlie vorbeirollt, während Westernhagens «Freiheit» aus dem Radio dröhnt, Guido Knopp im Mittelgang eine Polonaise anzettelt und Harald Juhnke in die Bordtoilette kotzt? Wahrscheinlich. Aber fahren wir los! Sie haben ja schließlich bezahlt.

Für Ihren Taschenkalender – die Termine der totalen Menschheitsfinsternis: 30. Juni 1914 und 1. September 1939.

2. Januar 1914 — Ein Tag der vorsichtigen Freude, vielleicht wird das alles doch nicht so wild wie befürchtet: Der Weltuntergang, verkündet von den Zeugen Jehovas, er ist, soweit wir das jetzt überblicken können, vorerst ausgeblieben. Da haben wir ja noch mal Glück gehabt. Denn wie hätten wir dieses Buch sonst füllen sollen? Und: Wer hätte es gelesen? **3. Januar 1914** — Heute ist der erste Samstag dieses Buches. Zeit, das Auto zu waschen, soweit man denn schon eines besitzt. Und einfach mal «'n Abend allerseits» zu sagen. 'n Abend allerseits. **4. Januar 1914** — Ein schwarzer Tag für die SPD: Wie soeben bekannt wurde, hängt Willy Brandt an der Flasche. Hören Sie dazu einen

Kommentar von Ulrich Deppendorf vom Westdeutschen Rundfunk. **12. Januar 1914** — Sonne in Elberfeld, heftiger Regen jedoch im benachbarten Barmen. Und die Frage: Wie sollen die Barmener das überleben? Es gibt ja noch gar keine Jack-Wolfskin-Jacken! **11. Februar 1914** — Aus dem irischen Städtchen Athlone erreicht uns folgende Nachricht: Ein Bauernsohn hat das große Wettessen gewonnen, weit vor allen anderen. «Denen habe ich aber mal gezeigt», sagt er, als er in sein Dorf zurückkehrt, «was Hunger ist.» **17. Februar 1914** — Die durchschnittliche Wochenarbeitszeit im Jahr 1914 beträgt übrigens 57 Stunden an sechs Werktagen. Boni werden dafür nicht ausgezahlt. **6. März 1914** — Och, gucken Sie mal: Da läuft ja Opa! Gerade acht Jahre alt, im Matrosenanzug, mit glockenheller Stimme. Welch ein fröhlicher Goldschopf! Aber sie werden ihn schon noch kaputt kriegen, mit zwei Kriegen, mit Hans Albers, den Durchhaltefilmen, der Angst, der Schuld, Gefangenschaft, Hunger, der Heimkehr, den fremden Kindern, die doch seine eigenen sind, mit der D-Mark, dem Wohlstand, Schweinebraten mit Soße, sehr viel Soße, mit Fritz Walter, den Albträumen, den Bildern vom Krieg, den Gedärmen, die seinen Freunden aus dem Leib quillen, immer wieder, jede Nacht, mit der Schrankwand, Gelsenkirchener Barock, dem Fotoalbum, in dem er auch nicht jünger wird, dem Stammtisch, der Gartenarbeit, Kuchenessen, mit Dieter Thomas Heck, Diabetes, mit dem Tod seiner Frau, die schon vorher nicht mehr unter den Lebenden war, der Einsamkeit, seinem 80. Geburtstag, der Demenz, der Inkontinenz, och, Opa, jetzt hast du ja wieder… sag doch was! Mit dem Ende schließlich – und mit dem noch am wenigsten. Es ist zum Heulen. Lauf, Opa! Lauf! Solang du jung bist.

Folge der schwebenden Daune bis an den Rand des Dorfes. Lauf. **17. April 1914** — Der Philosophiestudent und Flugmotorenerfinder Ludwig Wittgenstein, 25 Jahre alt und seit dem Tod des Vaters im Vorjahr Erbe eines gewaltigen Vermögens, baut sich hoch über einem Fjord in Norwegen eine kleine Holzhütte, um endlich einmal in Ruhe nachdenken zu können. Wittgenstein müsste man sein! **30. April 1914** — Immer noch Regen in Barmen. Elberfeld: leicht bewölkt. **15. Mai 1914** — Wien. Mit weißen Samthandschuhen über eine Europakarte hinfahrend, erfinden der österreichische Kaiser Franz Joseph und der deutsche Kaiser Wilhelm, ohne es zu wissen, das Brettspiel «Risiko». «Willy», sagt Franz Joseph, «die Würfel sind gefallen. Geh, sei so gut und heb sie wieder auf.» **27. Mai 1914** — In Topcider, Belgrad, Parkidylle im Frühling, wechselt eine «9 mm FN Browning, Modell 1910»-Pistole, Seriennummer 19 074, hergestellt von der Firma Fabrique Nationale in Belgien, unbemerkt ihren Besitzer. **11. Juni 1914** — Heute, liebe Leser, stehen die Zeichen auf Zeichen. **28. Juni 1914** — Kennen Sie den schon? Einem österreichischen Bauern erscheint eine Fee. Er habe drei Wünsche frei. Der Bauer ist überglücklich: «Ich will ein Prinz sein!» Ein heller Lichtblitz, und er steht da im vollen Ornat. «Ich will ein Schloss haben!» Ein heller Lichtblitz, und er findet sich in einem Prunksaal wieder. «Und ich möchte eine schöne Frau an meiner Seite haben!» Da fliegt die Tür auf, eine Prinzessin kommt herein und ruft: «Pack die Sachen, Franz Ferdinand, wir fahren nach Sarajevo!» **30. Juni 1914** — Was man nicht alles lernt im Leben! Heute: Österreich erklärt Serbien den Krieg. «Also: Krieg ist ein mit Waffengewalt ausgetragener Konflikt zwischen Staaten.» Serbien versteht.

**Beginn der ersten
totalen Menschheitsfinsternis.**

1. Juli 1914 — Manhattan. Der 15-jährige Al Capone, Sohn neapolitanischer Einwanderer, nimmt einen Ausbildungsplatz bei den «Forty Thieves Juniors» an und belegt bei seinem Lehrer Frankie Yale die Fächer Schutzgelderpressung, Wucherzinsberechnung und Brutalität. **2. Juli 1914** — An diesem schönen Julitag also trägt Österreich den Frieden zu Grabe. Er liegt in einem Kindersarg, war ja noch ganz klein, als er starb. **5. Juli 1914** — Peter Scholl-Latour wartet sehnsüchtig auf die Erfindung der politischen Talkshow. Auch er möchte endlich den Krieg erklären. **14. Juli 1914** — Ludwig Wittgenstein weist über einen Mittelsmann eine Spende über 100 000 Kronen für «unbemittelte österreichische Künstler» an, von der unter anderem Georg Trakl, Rainer Maria Rilke, Oskar Kokoschka und Else Lasker-Schüler profitieren. Trakl, der unter Angstzuständen und Depressionen leidet, schreibt in seinem Dankesbrief an den unbekannten Spender von der wunderbaren Aussicht, «der eigenen Stille nun ungestört nachgehen zu können». **31. Juli 1914** — Wie Pfingstochsen geschmückt, rufen überall im Lande die Bürgermeister den jungen Männern, die in den Krieg ziehen, «Hurrrrrrrrrrrrrra! Hurrrrrrrrrrrrra!» hinterher. Oder sind sie tatsächlich Pfingstochsen? Niemand scheint sich das zu fragen. Und dann ist es auch schon zu spät. **1. August 1914** — Und ohnehin: Wenn es einen Buchstaben gibt, der an alldem eine Mitschuld trägt, dann ist es das R. Hurrrrrrrrrrrrra. Krrrrrrrrrrrrrrieg. Niederrrrrrrrrrrrrrrrrrrrrrrrrrrringen. Wird es von den Deutschen gerollt, oder rollt es die Deutschen? **2. August 1914** — Franz Kafka schreibt in sein Tagebuch: «Deutschland hat Russland den Krieg erklärt. Nachmit-

tags Schwimmschule.» **3. August 1914** — Jetzt kann er sogar dem eigenen Tod ungestört nachgehen: Georg Trakl wird als Militärapotheker ins Heer einberufen und an die galizische Front abkommandiert. **4. August 1914** — Zum Nachschlagen und Weiterführen: eine Liste von Freiwilligen der Mittelmächte im Ersten Weltkrieg: Bernhard Adelung, Julius Andree, Carlo Curcio, Otto Dix, Franz Eichhorst, Franz Ernst, Hans am Ende, Walter Flex, Wilhelm Kuhr, Walter Göttsch, Karl Heintz, Paul Wilhelm Hermberg, Adolf Hitler, Adolf Hochgraefe, Ernst Jünger, Ernst Kirchner, Viktor Klemperer, Oskar Kokoschka, Heinrich Kraeger, Benno Kuhr, Hermann Kürz, Ernst Lissauer (untauglich), August Macke, Franz Marc, Ernst Maisel, Josef Mayr, Eugen Moufang, Franz Moufang, Nicola Moufang, Nino Oxilia, Gustav Radbruch, Joachim Ringelnatz, Ernst Steiner, Ernst Toller, Johannes Vogel, Joseph Wirth, Ludwig Wittgenstein. **10. August 1914** — Am Ende eines äußerst beschissenen Tages schreibt dieser Ludwig Wittgenstein in sein Tagebuch: «Als Rekrut eingekleidet worden. Wenig Hoffnung, meine Mathematik-Kenntnisse verwenden zu können. Brauche sehr viel gute Laune und Philosophie, um mich hier zurechtzufinden.» **15. August 1914** — Wie an jedem Tag seit Beginn der Bauarbeiten im Jahre 1906 sterben auch bei der Eröffnung des Panamakanals 1,9 Menschen. Einer von ihnen ist Statistiker. **31. August 1914** — Faszination Weltgeschehen. Hören wir einfach mal rein: Generalfeldmarschall Paul von Hindenburg spricht nach der Schlacht von Tannenberg zu den Soldaten. «Ihr habt einen vernichtenden Sieg errungen», ruft er. Ein junger Soldat, der vom Lazarett aus zuhört, nickt zustimmend, dann erliegt er seiner Lungenruptur.

> **«In the nineteenth century the
> problem was that God is dead.
> In the twentieth century the problem
> is that man is dead.»**
>
> — *Erich Fromm*

1. September 1914 — Betrübliche Nachrichten aus Amerika: Im Zoo von Cincinnati, Ohio, stirbt Marta, die letzte Wandertaube, und mit ihr das Wissen um den Sinn des Lebens: eine Wandertaube zu sein. **15. Oktober 1914** — Da er zum Dienst an der Waffe zu seinem eigenen Leidwesen nicht taugt, muss Ernst Lissauer, bald bekannt als der «deutscheste aller jüdischen Dichter», mit der Sprache kämpfen.

> **«Wir werden dich hassen mit langem Hass,
> Wir werden nicht lassen von unserem Hass,
> Hass zu Wasser und Hass zu Land,
> Hass der Hämmer und Hass der Kronen,
> Drosselnder Hass von 70 Millionen,
> Sie lieben vereint, sie hassen vereint,
> Sie haben alle nur einen Feind:
> England.»**
>
> — *Ernst Lissauer*

3. November 1914 — Für immer ungestört: Georg Trakl stirbt mit 27 Jahren in einem Militärkrankenhaus in Krakau an einer Überdosis Kokain. **6. November 1914** — Am

Vorabend hatte der nun auch nach Krakau vorgestoßene Wittgenstein notiert, es sei nun schon zu spät, «Trakl heute noch zu besuchen», nun erfährt er im örtlichen Garnisonsspital, dass der Dichter, der um seinen Besuch gebeten hatte, tot ist. **11. November 1914** — Beim Versuch, sein Schaukelpferd zu erklimmen, fällt Willy Brandt (SPD) erstmals auf die Knie. Hören Sie dazu einen Kommentar von Ulrich Deppendorf vom Westdeutschen Rundfunk. **15. Dezember 1914** — Winterschlacht in den Karpaten. Macht der Krieg wirklich so viel Spaß, wie alle dachten? Der dünne Werner steht schon den ganzen Vormittag an der dicken Bertha und denkt an den Busen seiner Mutter, an dem er jetzt so gern weinen würde. **25. Dezember 1914** — Hier eine Liste von Dingen, die an Weihnachten 1914 von deutschen und englischen Soldaten zwischen den Fronten getauscht wurden: Zigaretten, Zigarren, Bier, Christmas Pudding, Uniformknöpfe, Gebäck, Fotografien, Profilbilder von Prinzessin Mary, Miniaturweihnachtsbäume, Schokolade, Schnaps, Kleidung. Und das Versprechen, dass es keinesfalls persönlich gemeint ist, wenn sie sich gegenseitig niedermetzeln, wie es nicht einmal Tiere tun würden.

3. Januar 1915 — Märchenstunde im Schützengraben: Und wenn sie nicht gestorben sind, dann sterben sie noch heute. **31. Januar 1915** — Ein englischer Jack-Russell-Terrier läuft auf der Jagd nach einer Ratte zu den Deutschen über und wird vom Gefreiten Adolf Hitler gefangen. Hitler beschließt, ihn zu behalten, und nennt ihn «Fuchsl». Der arme Hund: Diese Ratte, sie ist verdammt groß. **5. Februar 1915** — Ein Blick nach Amerika bzw. über «den Großen Teich», wie es im aktuellen Jargon heißt: Die American

Traffic Signal Company stellt in Cleveland, Ohio, die erste elektrische Ampel auf. Noch am Abend desselben Tages erfindet ein nicht näher bekannter Autofahrer das Nasebohren beim Warten an einer elektrischen Ampel. **6. Februar 1915** — Apropos, ein Gedanke, der uns über Nacht kam: Sind es die Enkel derjenigen, die «Großer Teich» statt «Atlantik» sagen, die später einmal «Maschine» statt «Flugzeug» sagen werden? **18. Februar 1915** — Zurück nach Deutschland: Ihr Sohn Klaus, sagt Katia Mann zu ihren Freundinnen, die sie beim Einkaufen in der Lübecker Innenstadt trifft, vergesse mal wieder die Zeit. Tatsächlich aber ist es umgekehrt.

**Und das sagt der
Klaus-Mann-Experte zum
letzten Eintrag: «Der Text
ist mir weder bekannt
noch kann ich mir einen Reim
auf ihn machen. Das Datum
ist angeblich der 18. Februar 1915 –
gleich nach dem Ausbruch
des Ersten Weltkriegs. Weshalb sollte
die Zeit damals Klaus Mann
vergessen haben? Er war doch noch
nicht einmal neun Jahre alt!
Ich kann nur vermuten, dass es
sich um eine Verwechslung und gar
nicht um Klaus Mann handelt.
Alles Liebe wünscht Dir in Eile, aber
sehr herzlich – Dein Fred.»**

23. Februar 1915 — Die Eiserne Ration eines deutschen Soldaten im Ersten Weltkrieg besteht aus 250 Gramm Zwieback, 150 Gramm Konservengemüse, 200 Gramm Dosenfleisch oder 170 Gramm Speck sowie jeweils 25 Gramm Kaffee und Salz. Und das Eiserne Kreuz 2. Klasse wiegt 15 Gramm. **2. März 1915** — Heute geht das Mittelalter ganz offiziell zu Ende: Als er bei einer Größe von 1,87 Metern ausgewachsen ist, beendet der letzte noch aktive Zwerg seine Karriere. Danke für die schöne Zeit, Kleiner. **13. März 1915** — Der junge Soldat hat sich seit Beginn des Krieges gefragt, ob sein Helm wirklich eine Gewehrkugel abhalten könnte. Seit heute Morgen, 11.03 Uhr, steht fest: Er kann nicht. **2. April 1915** — Charlie Chaplin verdingt sich als Werber für Kriegsanleihen. Er verspricht, alle kleinen Mädchen zu küssen, die eine Anleihe kaufen, und spielt so an nur einem Tag 92 000 Dollar ein. Adolf Hitler verdient derweil als Gefreiter neun Mark pro Woche. **13. April 1915** — Wien. Sigmund Freud träumt von sich selbst als von sich selbst träumendem Menschen. **22. April 1915** — Gaskrieg an der Westfront. Der junge Soldat liegt seit zwei Tagen ohne Schlaf in einem Graben bei Ypern. Dann passiert etwas mit ihm, wovon er nicht wissen will, was es ist. Der Schlaf, endlich? Der Tod, schließlich? Morgen früh, so Gott will, wird er wieder geweckt. **11. August 1915** — Wie süß: In seinem Kämmerlein in Enger, Westfalen, sucht ein Fünfjähriger den lieben Gott. «Hier bin ich!», ruft Gott aus dem Wandschrank. «Hier!» Aber der Knirps will lieber weiter Verstecken spielen. **25. Dezember 1915** — Es muss ja doch etwas auf sich haben mit diesem Weihnachten, das den schönsten Krieg immer wieder stört: Für etwa dreißig Minuten treffen sich, wie schon im Vorjahr, deutsche und

englische Soldaten zwischen den Schützengräben bei La-
ventie, rauchen, unterhalten sich und spielen mit einem
Fußball, ehe die Engländer von ihren Kommandanten
zurückbeordert werden. Wer keine Feinde mehr habe, so
heißt es, der werde umgehend erschossen.

> **«But, however, looking
> back on it all,
> I wouldn't have missed
> that unique and
> weird Christmas Day
> for anything.»**
> — *Bruce Bairnsfather*

12. Februar 1916 — Regen in Barmen. Ein Sechzehnjähri-
ger erfindet daraufhin den Blues, ist aber zu traurig, um
einer Menschenseele davon zu erzählen. **3. März 1916** —
Wir sprechen nun mit unserem Korrespondenten Ernst
Jandl. Ernst, wo erreichen wir Sie? «schtzngrmm» Hallo,
Ernst? Hören Sie uns? «t-t-t-t» Ernst? «t-t-t-t» Tja, liebe
Leser, da gibt es offenbar Probleme mit der Leitung, wir
bitten Sie, dies zu entschuldigen. Zum Sport! **9. April
1916** — Da sehen wir Gott beim Pferderennen. Er setzt auf
das Rote, es bläst schon Feuer aus den Nüstern. «Ganz si-
cheres Ding», sagt Gott, am Totalisator stehend, zum Teufel. Und der nickt wissend. Sie setzen beide alles. **15. April
1916** — In den Propaganda-Abteilungen der Kriegsgeg-
ner wird jetzt nur noch gesiegt. Einziges Todesopfer in
den eigenen Reihen: die Wahrheit. **3. Mai 1916** — Diese

armen Kerle im Stellungkrieg! Die können sich doch alle eingraben. **1. Juni 1916** — Seeschlacht am Skagerrak. Deutschland gegen England. Es geht unentschieden aus. Das Elfmeterschießen ist ja noch nicht erfunden worden. **1. Juli 1916** — New Jersey. Im kleinen Beach Haven wird der 25-jährige Charles Epting Vansant von einem Meerestier attackiert und stirbt. Experten sind sich uneins, ob es sich bei dem Angreifer um einen Thunfisch oder eine Meeresschildkröte handelt. Haie gelten als für Menschen ungefährlich. **6. Juli 1916** — New Jersey. Im Badeort Spring Lake wird der 28-jährige Charles Bruder von einem Meerestier attackiert und stirbt. Experten glauben, dass es sich bei dem Angreifer um einen Orca handelt. Dass ein Hai in der Lage sei, die Beine eines ausgewachsenen Menschen durch einen Biss abzutrennen, gilt als unwahrscheinlich. **11. Juli 1916** — Verdun. Als er schließlich weiß, dass er sterben muss, lächelt der junge Soldat noch einmal, er denkt daran, was sein Großvater zu sagen pflegte: «Das Leben ist wie eine Hühnerleiter: kurz und beschissen.» Das sagte er noch im hohen Alter, aber was seinen Enkel anbelangt, hatte er immerhin recht. **12. Juli 1916** — New Jersey. In einem Flusslauf nahe der Stadt Matawan werden der zwölfjährige Lester Stillwell, der 24-jährige Stanley Fisher und der 14-jährige Joseph Dunn von einem Meerestier attackiert. Nur Dunn überlebt. Er sagt aus, der Angreifer habe die Farbe eines alten Holzbrettes gehabt, das lange im Wasser gelegen habe. **14. Juli 1916** — New Jersey. Der Dompteur und Tierpräparator Michael Schleisser erlegt in der Raritan Bay einen Weißen Hai, in dessen Magen Fleisch und Knochen menschlichen Ursprungs gefunden werden.

«Diese Haie fraßen vermutlich in den Gewässern des deutschen Kriegsgebietes menschliche Kadaver und folgten Ozeankreuzern bis an diese Küste. Vielleicht folgten sie gar dem U-Boot ‹Deutschland› selbst in Erwartung des üblichen Zolls an ertrinkenden Männern, Frauen und Kindern. Das würde ihre Dreistigkeit und ihr Verlangen nach menschlichem Fleisch erklären.»

— *aus einem Leserbrief in der «New York Times»*

«Wir hatten bereits drei Vorfälle, zwei Tote davon innerhalb einer Woche. Und es wird wieder passieren, wir hatten das schon mal! Jersey 1916! Fünf Menschen am Strand gefressen!»

— *aus «Der Weiße Hai» (1975)*

5. August 1916 — Es wird immer beschissener. Heute schreibt Ludwig Wittgenstein in sein Tagebuch: «Kolossale Strapazen im letzten Monat. Habe viel über alles Mögliche nachgedacht. Kann aber merkwürdigerweise nicht die Verbindung mit meinen mathematischen Gedankengängen herstellen.» **20. Dezember 1916** — Verdun, der letzte Tag. All die Knochen! Wohin damit? Einmal wird hier ein riesiges Beinhaus stehen, da kann man sie dann besichtigen. Schulklassen kommen oft dienstags hierher.

Die Jugendlichen saugen an ihren längst leeren Safttüten und glotzen durch die Scheiben. Knochen! Igitt! Sind die echt, Frau Schmidt-Heinemann? Es bleibt dann aber noch genug Zeit, um bis zur Abschlussdisco am Donnerstag die schrecklichen Bilder zu vergessen.

3. Februar 1917 — Paris. Indem sie sich aus den letzten Stoffresten ein Trauerkleid näht, erfindet eine französische Kriegerwitwe das kleine Schwarze. **2. März 1917** — Ist es überhaupt noch richtig zu sagen, die Menschen stürben wie die Fliegen? Oder sterben die Fliegen längst wie die Menschen? **13. März 1917** — Neues aus der Psychologie: Verrückt zu werden vor Angst – heutzutage ist das ganz normal. **9. April 1917** — Als der Zug, mit dem er aus seinem Schweizer Exil nach Russland zurückkehrt, durch Berlin rollt, staunt Wladimir Iljitsch Lenin, aus dem Fenster schauend, über die schiere Größe dieser Stadt: Da könnte man ja glatt zwei draus machen. **22. April 1917** — Bloody April. Die durchschnittliche Zeitspanne, die britische Piloten im Einsatz überleben, fällt in diesem Monat von 295 auf 92 Stunden. Die Zeit, die sie noch haben, sie vergeht wie im Flug. **23. April 1917** — Später werden die Briten ihm seinen berühmten Namen geben: der Rote Baron. Jetzt aber ist er nur der Wichser, der ihre Piloten vom Himmel schießt. Manfred von Richthofen, Mother Fokker. **3. Juni 1917** — Der 18-jährige Joseph Goebbels schreibt den besten Deutschaufsatz seiner Abiturklasse und darf bei der Entlassungsfeier die Abschiedsrede halten. Von Mitschülern wird er hinterher mit Goebbels verglichen. **13. Juli 1917** — Portugal. Den drei Hirtenkindern Lúcia dos Santos, Jacinta Marto und Francisco Marto erscheint nahe Fátima bereits zum dritten Mal die Jungfrau Maria und übermittelt ihnen die sogenannten «drei Geheimnisse», Menetekeln gleich. Erstens: Ein weiterer großer Krieg wird ausbrechen. Zweitens: Russland wird kommunistisch. Das dritte Geheimnis jedoch bleibt tatsächlich eines und somit lange Zeit geheim. Wie mag es wohl lauten? Wird die Welt gleich ganz untergehen? Werden Außerirdische kommen und die Menschheit unterjochen? Wird Erich Ribbeck Bundestrainer? Nicht auszudenken.

2. Januar 1918 — Hurra, der Acht-Stunden-Tag ist da! Die durchschnittliche Wochenarbeitszeit beträgt nun 48 Stunden an sechs Werktagen. Gilt allerdings nicht an der Front. **7. März 1918** — Die deutschen Piloten haben ihre Flugzeuge bunt angestrichen, sie verzichten völlig auf Tarnfarbe. Sie fliegen Pirouetten, Loopings, waghalsige Manöver. Artisten unter dem Himmelszelt, ihr Krieg ist ein Kunststück. Sobald sie landen, werden ihre Maschinen auseinandergeschraubt und auf Lastwagen verladen, entlang der Front ziehen sie von Dorf zu Dorf. Manfred von Richthofen und sein Geschwader, die Briten nennen sie den «Flying Circus». «Zugabe!», brüllen sie nicht. **13. März 1918** — Was dieser Tage unter Jugendlichen ja als total uncool gilt: Mitleid. **10. April 1918** — Bei der vierten Schlacht um Ypern wird der Impressionist und Mitbegründer der Künstlerkolonie Worpswede, Hans am Ende, schwer verwundet. Statt der früheren farbenfrohen Landschaften hat er zuletzt in den Gefechtspausen nur noch düstere Schlachtfelder auf die Leinwand gebracht. **21. April 1918** — Nun fällt auch er aus allen Wolken: Manfred von Richthofen wird im Luftkampf über Frankreich von einer Kugel getroffen. Es gelingt ihm noch, sein Flugzeug nahe einer australischen Stellung zu landen. Die Soldaten, angelockt vom Ruhm Richthofens, sind enttäuscht: Als sie eintreffen, finden sie lediglich einen toten Baron. **9. Juli 1918** — Ganz am Ende: Hans am Ende (1864–1918) **10. August 1918** — In der Schlacht von Amiens fällt ein kaum 20-Jähriger als 17 000 000. Mensch diesem Krieg zum Opfer. Einen Blumenstrauß hat gerade niemand zur Hand. **1. Oktober 1918** — Charlie Chaplins Film «Gewehr über!» kommt in die Kinos. In einer Szene schleudert er als «Tramp» einen Limburger Käse als Stinkbombe in einen deutschen Schützengraben hinüber. Im selben Monat erblindet Adolf Hitler nach einem Senfgasangriff vorübergehend. **1. November 1918** — Kiel. Die Matrosen gehen an Land. Sie wollen die Monarchie flachlegen. **9. November 1918** — 14 Uhr: Philipp Scheidemann (SPD) ruft vom Westbalkon des Reichstages die Republik aus. 16 Uhr: Karl Liebknecht (Spartakusbund) ruft am Berliner Schloss, auf einem Lastwagen stehend, die freie sozialistische Republik aus. Und welchen Ort, liebe Leser im Wendland, würden Sie sich aussuchen, um eine Republik auszurufen? **11. November 1918** — Waffenstillstand, der Schrecken hat ein Ende. Doch schon haben die Macher das Drehbuch für eine Fortsetzung in der Schublade: Weltkrieg II. Auch er: ein echter Straßenfeger. **19. November 1918** — Sehen Sie nur, all die Soldaten! Sie laufen nach Hause. Nach Hause. Wie sollten sie jetzt, da sie so weit gelaufen sind, zugeben, dass sie nicht wissen, wo das eigentlich ist: zu Hause. «Zu Hause», flüstert schließlich einer in der unendlichen Reihe, «das ist da, wo sie das Totenkreuz schon in die Holztafel geschnitzt haben, nur unsere Namen fehlen noch.»

23. November 1918 — Während der Novemberrevolution schießen Deutsche auf Deutsche. Wird nicht wieder vorkommen. Oder? **24. November 1918** — Die Broken-Windows-Theorie ist noch nicht erfunden, wird aber bereits bewiesen: Heute schlagen die Rechtsextremen das erste Fenster ein. Der Rest ist dann nur noch Formsache. **28. November 1918** — Kaiser Wilhelm dankt ab. Die Hoffnung, den Thron doch noch einmal besteigen zu können, wird er nie aufgeben. Gut 67 Jahre danach, bei Opas 80. Geburtstag, singt der Jubilar nach dem Hauptgang plötzlich aus vollem Halse: «Wir woll'n unser'n alten Kaiser Wilhelm wiederham!» **3. Dezember 1918** — Das große Sterben ist vorüber, das kleine beginnt: In der Nähe von Wernigerode erstickt ein Sechsjähriger an einem Hühnerknochen. **23. Dezember 1918** — Helmut Schmidt (SPD) kommt mit einer Zigarette im Mund zur Welt. Nur er darf im Kreißsaal rauchen. **24. Dezember 1918** — An Heiligabend sitzt ein Ehepaar an einer ungeschmückten Zwergtanne und zittert. Sie, weil ihr kalt ist. Er, weil er nicht anders kann.

3. Januar 1919 — Ludwig Wittgenstein hat es am Ende des Kriegs aufgrund herausragender Leistungen, die den Eigenbau eines Mörsers umfassen, zum Leutnant gebracht. Nebenher hat er die «Logisch-philosophische Abhandlung», den späteren «Tractatus logico-philosophicus», beendet und ist der Meinung, damit alle philosophischen Probleme im Wesentlichen gelöst zu haben. Was allerdings die Frage aufwirft, was er nun mit sich anfangen soll. Noch in Kriegsgefangenschaft beschließt er daher, Volksschullehrer zu werden und sein Vermögen an seine Geschwister zu verschenken. Wittgensteins Geschwister müsste man sein. **11. Januar 1919** — Karl Liebknecht (Spartakusbund) fällt in Berlin-Wilmersdorf eines der Flugblätter mit der Aufschrift «Tötet Liebknecht!» in die Hände, die hunderttausendfach in Umlauf sind. Stellen wir ihn uns vor, wie er schwer atmend dasteht, die Zeit, die ihm noch bleibt, in Stunden zählend: Ob er selbst darüber nachdenkt, dem Aufruf zu folgen? **15. Januar 1919** — Karl Liebknecht wird erschossen. Was von ihm bleiben wird dereinst, ist nicht zuletzt eine Straße in Berlin-Mitte, auf der aus viel zu schnellen schwarzen Mercedessen Ibiza-Fickmucke dröhnt. Gute Fahrt. **20. April 1919** — An seinem 30. Geburtstag denkt er ganz kurz an damals. Erinnerungen an Braunau. Ach! Eine Hitlerjugend. **11. Mai 1919** — In einem Berliner Badesee explodiert die erste Arschbombe der Geschichte. Für einen arglosen Stichling kommt jede Hilfe zu spät. **28. Juni 1919** — Heute wurden die Versailler Verträge unterzeichnet. Hören Sie dazu einen Kommentar von Ulrich Deppendorf vom Westdeutschen Rundfunk. **6. August 1919** — Friede sei Mittwoch. **21. November 1919** — Pssst, leise! Wir schleichen uns an: In einem Haus in Chicago, gut zehn Monate nachdem die Prohibition, das landesweite Verbot von Alkohol, in Kraft getreten ist, sitzen drei Männer beisammen in einem Raum. Und mit einem Mal ist die Möglichkeit, dass sie einander die Fresse einschlagen, von der Wirklichkeit nur noch wie durch ein Blatt Papier getrennt. **3. Dezember 1919** — Durch das Verbot wird Alkohol für viele nur umso attraktiver, selbst vormalige Abstinenzler greifen nun zur Flasche. Nicht auszudenken, wenn die Politik auf die Idee kommen würde, den Frieden zu verbieten! **15. Dezember 1919** — Al Capone gibt einen aus. Auf den Alkohol! Auf den Bandenkrieg!

«I AM LIKE ANY OTHER MAN. ALL I DO IS SUPPLY A DEMAND.»

— Al Capone

29. Januar 1920 — Der berüchtigte Bankräuber Gordon Fawcett Hamby nimmt im New Yorker Gefängnis Sing Sing seine Henkersmahlzeit ein: Rumpsteak mit Pilzen, Hummersalat, Erdbeeren und Mokka. Auf dem Weg zum elektrischen Stuhl sagt er lachend zu seinen Wärtern: «Wenigstens muss ich mir jetzt keine Gedanken mehr über Verdauungsstörungen machen.» Hahaha. Der war gut, Gordon. Du aber nicht. **15. Februar 1920** — Jetzt auch der erste Hitler-Vergleich der Geschichte: «Er erinnert mich ganz an seinen Onkel», sagt Adolf Hitler über seinen Neffen Heinz. **24. Februar 1920** — Spätestens jetzt, Adolf Hitler ist bei Punkt 5 des 25-Punkte-Programms der gerade neu gegründeten NSDAP angelangt, müssten zumindest einen der 2000 Anwesenden doch erste Zweifel befallen. «Wer nicht Staatsbürger ist», ruft Hitler, «soll nur als Gast in Deutschland leben können und muss unter Fremden-Gesetzgebung stehen.» Betrifft das nicht gerade ihn, den staatenlosen Österreicher? Aber egal, die Stimmung ist ganz wunderbar. Es wird hier, im Hofbräuhaus zu München, eben mit zweierlei Maß gemessen. **3. Juni 1920** — Heute Nacht, die Hände auf der Bettdecke gefaltet, das vom Regen schlierige Licht der Stalllaterne auf seinem glatten Gesicht, die Augen offen, enttäuscht vom Tag und von der Woche, betet Gott erstmals zu den Menschen.

19. Februar 1921 — Im Nihilistenhaushalt. Else von Stritzky: «Was hast du denn auf einmal?» – Ernst Bloch: «Ach, nichts.» **3. März 1921** — Schauen Sie nur: Der Sohn des Knechts – klein, nicht dick, aber schwer und hart, vom Schwarzbrot und von der Angst vor dem, was er nicht kennen kann. In 18 Jahren fällt er weit weg von zu Haus. Bauchschuss. Das Letzte, was er sieht, ist seine Leber. Das Letzte, was er sagt, ist «Mutter». Sein Name wird in einen steinernen Löwen gemeißelt, auf dem Friedhof, wo nicht einmal sein Großvater schon liegt. **11. Juni 1921** — Der indische Dichter und Nobelpreisträger Rabindranath Tagore reist durch Deutschland und verkündet die universale Bruderliebe. Thomas Mann versucht daraufhin etwa eine Stunde lang, sich seinen Bruder Heinrich in Badehosen vorzustellen. Danach: Schreibblockade. **12. Oktober 1921** — Der Norweger Vilhelm Bjerknes hat heute die moderne Wettervorhersage erfunden. Und nun zum Wetter: Regen in Barmen. Sonne in Elberfeld. **21. November 1921** — In Wismar wird der Film «Nosferatu – Eine Symphonie des

Grauens» gedreht. Am Abend liegt Hauptdarsteller Max Schreck im Zimmer einer Pension und kann nicht einschlafen. Aus Angst, dass er sich selbst in die Kehle beißt.

22. Februar 1922 — An seinem vierten Geburtstag misst Robert Pershing Wadlow 1,64 Meter und ist damit in etwa so groß wie dereinst Norbert Blüm. Noch kann der Riesenknirps nicht schwimmen. Gute Nachricht also: Die Enten sind sicher. **17. März 1922** — Franz Kafkas Körpertemperatur beträgt heute laut Tagebucheintrag 37,4 Grad. **9. Juli 1922** — Tarzan schwimmt als erster Mensch die 100 Meter in weniger als einer Minute und bekommt daraufhin die Rolle als Johnny Weissmüller. **30. Oktober 1922** — Rom. Der italienische Laienschauspieler Benito Mussolini feiert erste Erfolge als Nero-Imitator. **18. November 1922** — Paris. Marcel Proust findet die verlorene Zeit. **26. November 1922** — Als der britische Ägyptologe Howard Carter das Grab des Tutanchamun öffnet, hört er eine Stimme aus dem Dunkel. «Bitte, Howard!», gähnt der Pharao. «Nur noch fünftausend Jahre!»

20. Juli 1923 — Was die Menschen nicht alles zu tun bereit sind, um in die Geschichte einzugehen! So sagt Pancho Villa, General der Mexikanischen Revolution, zu einem Journalisten, nachdem er von einer Revolverkugel tödlich getroffen worden ist: «Lassen Sie es nicht so enden. Schreiben Sie, dass ich etwas gesagt hätte!» Und der? Schreibt genau das auf. Und wir? Schreiben genau das ab. **29. Oktober 1923** — In Deutschland wird die erste Unterhaltungssendung im Radio übertragen, live aus dem Vox-Haus in Berlin-Tiergarten. Zu hören sind die Megahits der Nuller und Zehner und das Beste von heute. **5. November 1923** — Inflation in Deutschland. Im Vox-Haus wird derweil die Pilotfolge von «Wer wird Trillionär?» aufgezeichnet. Es kommt jedoch nie zur Ausstrahlung, weil es schon auf die erste Frage «Was kostet ein halbes Pfund Butter?» keine Antwort gibt, die länger als eine Minute gültig wäre. **2. Dezember 1923** — München. Adolf Hitler posiert im Studio seines Lieblingsfotografen Heinrich Hoffmann. Heute sollen erste Propagandabilder entstehen. Vor einem schwarzen Laken ballt der Diktatorenanfänger die Fäuste, verfinstert seinen Blick, nur er allein sieht die Menschenmassen bereits vor sich, er rudert mit den Armen, schwitzt – und ähnelt dabei einem halbirren Junggesellen, der über den Gartenzaun hinweg seiner greisen Nachbarin Prügel androht. Als er die Fotos betrachtet, zeigt sich Hitler äußerst zufrieden mit dem Ergebnis.

5. Januar 1924 — Diese Ruhe! Hermann Göring liegt auf dem Bett eines Innsbrucker Krankenhauses und genießt seinen ersten Trip. Denn nachdem er während des gescheiterten Hitler-Putsches von einer Kugel in den Oberschenkel getroffen wurde, bekommt er hier Morphin gegen die Schmerzen. Dann, plötzlich, aus dem Nichts, vollkommene Euphorie. Alles ganz toll. Krankenhaus: toll. Österreich: toll. Putsch: toll. Adolf Hitler: Toll, toll, toll. Nur Fliegen ist schöner, denkt er noch, Hermann Göring, bald einer der mächtigsten Männer des Dritten Reiches und ab heute für die nächsten 21 Jahre drogenabhängig. Toll. **21. Januar 1924** — Lenin ist tot. An seinem offenen Grab steht Stalin, sein Mann fürs Grobe, und erzählt georgische Witze. Kennen Sie den? Fragt der eine: «Wie lange brauchst du für 100 Kilometer?» Sagt der andere: «Fünf Minuten!» – «Wie, fünf Minuten?» – «Ich kenne den kurzen Weg.» Stalin lacht. Lenin verzieht, wie immer, keine Miene. Dieser verdammte Stalin. **15. Juni 1924** — Eilmeldung! Max Brod verbrennt Franz Kafkas Werk. **16. Juni 1924** — Jetzt haben Sie sich aber erschreckt, nicht wahr? **20. September 1924** — Immer noch Inflation in Deutschland. Ein Pfund Fleisch kostet nun 3,2 Billionen Mark. Ein Schlachter bedenkt die Sau, die quiekend vor ihm steht, deswegen mit dem Kosenamen «meine Teuerste», bevor er sie keult. **21. September 1924** — Wer es sich leisten kann, schlachtet sein Pferd. Das Einzige, was jetzt noch galoppiert, ist die Inflation. **5. November 1924** — Erstmals seit 1908 setzt Puyi, der letzte Kaiser Chinas, wieder einen Fuß vor die Tore der Verbotenen Stadt und besucht seinen Vater Chun. Der sagt nur: «Du solltest doch um zehn Uhr wieder zu Hause sein! Und wie spät ist es jetzt? 1924! Geh auf dein Zimmer. Du hast Hausarrest.» **8. November 1924** — Irgendwo in Afrika, wahrscheinlich in Kamerun. Beim Verzehr von Schimpansen überträgt sich das simiane Immundefizienz-Virus (SIV) auf den Menschen. Es ist der Moment, in dem die Pest des 20. Jahrhunderts entsteht, ihren Namen erhält sie erst in 60 Jahren. **23. Dezember 1924** — Münsterberg, Schlesien. Ein Gericht ordnet die Durchsuchung der Wohnung des mutmaßlichen Mörders Karl Denke in der Teichstraße 10 an. Die Beamten finden dort die Überreste von 30 Menschen, darunter über 420 Zähne, 480 Knochen – und drei aus Menschenhaut gefertigte Hosenträger mit Brustwarzenmuster. Wie man so etwas trägt, fragen Sie sich? Wahrscheinlich müssen Sie nur den Nippel durch die Lasche ziehen.

1. Januar 1925 — Diese Zeugen Jehovas, sie können es einfach nicht lassen: Für den heutigen Tag haben sie schon wieder den Weltuntergang prophezeit. Und schon wieder liegen sie, wie es momentan aussieht, daneben. Vielleicht beim nächsten Mal. Gute Aussichten für schlechte Aussichten. **26. April 1925** — Paul von Hindenburg wird Reichskanzler. Ganz so, als ob der Weltgeist gefragt hätte: «Entschuldigung, ist da noch Platz?» Und Deutschland rückt ein Stück nach rechts. **3. Mai 1925** — Eines der folgenreichsten Präsente der Menschheitsgeschichte: Emmy von Braun schenkt ihrem Sohn Wernher zur Konfirmation ein astronomisches Fernrohr. **13. Mai 1925** — Achtung, liebe Leser – wegducken! Es beginnt nämlich die Zeit, in der Veronica Ferres am liebsten gelebt hätte, eine sogenannte Schauspielerin, die erst in vierzig Jahren über die Welt kommen wird. Sie wäre überdies, so wird sie es eines Tages der Zeitschrift «Freundin» verraten, gern mit dem Billy Wilder verheiratet gewesen. Wilder, gerade 19 Jahre alt und noch Reporter bei der Zeitschrift «Die Stunde» in Wien, fällt um Schlag zehn in seiner Schreibstube vom Stuhl. **12. Juni 1925** — Der Bimbam wird heiliggesprochen. **3. November 1925** — Heute ist der erste Tag in der Geschichte der Menschheit, an dem niemand an niemanden denkt.

11. Januar 1926 — Berlin. Otto Dix steht in seiner Küche und malt Kaffee. **2. April 1926** — Noch mal Berlin. Josephine Baker, das Mädchen im Bananenrock, macht die Männer verrückt. Die Nazis aber dürfen sie nicht erotisch finden. Ein paar tun es trotzdem. Doch immerhin: Sie machen dabei den Hitlergruß – und das ganz ohne Hände. **28. April 1926** — Ludwig Wittgenstein, inzwischen Lehrer in Otterthal und der Dorfbevölkerung nicht zuletzt aufgrund seines quasi mit Händen greifbaren Intellekts sehr verdächtig, ohrfeigt einen Schüler, der daraufhin ohnmächtig wird. Auf eigenen Wunsch quittiert er den Schuldienst und wird Hilfsgärtner in einem Kloster in Hütteldorf, nicht ohne zuvor ein Wörterbuch für Volksschulen veröffentlicht zu haben. **17. Mai 1926** — Als Ludwig Wittgenstein dem Abt des Klosters anvertraut, er trage sich mit dem Gedanken, Mönch zu werden, rät dieser erschrocken ab. **3. August 1926** — Der 17-jährige Clyde Barrow wird erstmals polizeilich aktenkundig: Er stellt einen Mietwagen nicht pünktlich zurück. **12. September 1926** — Wernher von Braun experimentiert im Berliner Tiergarten mit Feuerwerksraketen. «Wenn ich noch ein bisschen bastle», denkt sich der clevere Bengel, «fliegen sie vielleicht bis nach London!» **31. Oktober 1926** — Nach zwei Operationen stirbt der Entfesselungskünstler Harry Houdini im Alter von 52 Jahren im Grace Hospital, Detroit, im Zimmer 401 an einer Bauchfellentzündung, Folge von Fausthieben, die ihm vor neun Tagen versetzt worden sind. Man beerdigt ihn in einem Bronzesarg, den er sich gerade für einen Fakir-Trick hatte bauen lassen, auf dem jüdischen Friedhof Machpelah im New Yorker Stadtteil Queens. Wider Erwarten befreit er sich nicht aus dem Grab. Der letzte enttäuschte Zuschauer verlässt den Schauplatz am späten Abend.

13. Januar 1927 — Clyde Barrow wird zusammen mit seinem Bruder Marvin wegen des Besitzes gestohlener Truthähne verhaftet. **20. Mai 1927** — Der 25-jährige Charles Lindbergh überquert, vom Roosevelt Field in New York kommend, mit seinem Flugzeug «Spirit of St. Louis» den Atlantik in west-östlicher Richtung. Nach der Landung auf dem Flughafen Le Bourget in Paris sagt ein amerikanischer Rundfunksprecher: «Lindbergh is coming down the gangplank, walking slowly, a darn nice boy.» Ein verflixt hübscher Junge: Dass das niemals jemand über uns sagen wird, wenn wir, aus Mallorca kommend, mit einem Partyflieger auf dem Flughafen Münster-Osnabrück landen, begründet den maßlosen Neid, mit dem wir auf die Helden der Geschichte blicken. Aber das nur am Rande. **13. Juni 1927** — Odol hält die Deutschen in Atem. **4. Juli 1927** — Typisch Ernest Hemingway! Er hält jede Wette: Er werde es schaffen, eine Geschichte mit nur sechs Wörtern zu erzählen. «For sale: baby shoes, never worn», schreibt er. Und es kommt ihm selbst als das Beste vor, das er je geschaffen hat. **3. September 1927** — Das Seewetteramt warnt: Zwischen Baltrum und Langeoog kommt es am frühen Nachmittag zu einer Jahrhundertebbe. **6. Oktober 1927** — New York. Premiere von «The Jazz Singer», dem ersten abendfüllenden Tonfilm. Warner-Brothers-Chef Harry Warner ist skeptisch: «Who the hell wants to hear actors talk?» Und dabei hat er noch keinen blassen Schimmer von Veronica Ferres! **3. November 1927** — Berchtesgaden. Maria Reiter, mutmaßliche Freundin Adolf Hitlers, versucht, sich das Leben zu nehmen.

13. März 1928 — Joseph Goebbels geht ins Kino und notiert hinterher ins Tagebuch: «Heute Abend Chaplinfilm ‹Cirkus› gesehen. Manchmal zum Totlachen.» **28. September 1928** — Dass man nicht immer alles gleich wegschmeißen soll, nur weil es ein bisschen oll ist, zeigt uns dieses lehrreiche Beispiel aus London. Der Bakteriologe Alexander Fleming bemerkt Schimmelsporen in einer der Kulturschalen, in denen er mit Staphylokokken experimentiert. Als er die offensichtlich verunreinigte Probe entsorgen will, fällt ihm auf, dass der Pilz die Bakterien getötet hat. Fleming hat soeben das Penicillin entdeckt. **20. Oktober 1928** — Das Stadtpalais, das Ludwig Wittgenstein in den letzten zwei Jahren für seine mondäne Schwester entworfen und gebaut hat, zunächst zögerlich und abwehrend, dann immer enthusiastischer und am Ende mit fanatischer Detailversessenheit, ist fertig. Es besticht durch extreme Klarheit und totale Reduktion auf das Wesentliche. Stadtpalais müsste man sein. **18. November 1928** — «Steamboat Willie», der erste Mickey-Mouse-Film, kommt in die Kinos. Der fast mittellose Matrose Donald Duck, alleinerziehender Onkel dreier Neffen, entschließt sich daraufhin, ebenfalls nach Hollywood zu gehen und dort sein Glück zu versuchen. **2. Dezember 1928** — Erstaunlich: Ein Junge, der in einem Hamburger Krankenhaus zur Welt kommt, sagt unmittelbar nach seiner Geburt: «Anführungszeichen unten.» **11. Dezember 1928** — An diesem kalten Tag eine durchaus richtige Beobachtung von Walter Benjamin, die wir Ihnen nicht vorenthalten möchten: «Im Sommer fallen die dicken Leute auf, im Winter die dünnen.» **25. Dezember 1928** — Roter Terror in der Sowjetunion. In einer schwachen Sekunde, vor dem Spiegel an seinem Schnauzbart nestelnd, bekommt Stalin Angst vor sich selbst. Was, wenn er etwas Falsches denkt?

1. Februar 1929 — Rata-tata-tata-ta-Wochen in Chicago. 26 Menschen sind im Januar dem Bandenkrieg zum Opfer gefallen, die meisten Morde hat Al Capone in Auftrag gegeben. Verdammt viel, denken Sie? Dann blättern Sie doch mal kurz vor zum 1. Februar 1992. **32. März 1929** — Der Tag, von dem alle glauben, er sei ein Scherz, geht beleidigt zu Ende. **13. Mai 1929** — Während einer Sektionssitzung der Deutschen Physikalischen Gesellschaft in Freiburg im Breisgau fällt der Diaprojektor aus. Da steht der Physiker Wolfgang Pauli auf und zeigt voller Stolz auf sich, um den «Pauli-Effekt» anzudeuten. Sie müssen wissen: Es geht das Gerücht um, dass keine Versuchseinrichtung funktioniere, solange Pauli im Zimmer ist. Doch dazu später mehr. **3. Juni 1929** — Ludwig Wittgenstein gibt dem Drängen seiner Freunde Bertrand Russell und George Edward Moore nach und willigt ein, an die Universität Cambridge zurückzukehren. Allerdings hat er nie irgendeinen akademischen Abschluss erlangt, weswegen sein Frühwerk, der «Tractatus logico-philosophicus», als Doktorarbeit herhalten muss. «Das ist das Albernste, was mir je in meinem Leben vorgekommen ist», sagt er vor der Verteidigung zu seinen Prüfern Russell und Moore, um hinterher mitleidig festzustellen: «Macht euch nichts draus, ihr werdet es nie verstehen.»

«God has arrived. I met him on the 5.15 train.»

— Der Ökonom John Maynard Keynes informiert seine Frau über Wittgensteins Rückkehr nach Cambridge

1. August 1929 — Die Großstädte Barmen und Elberfeld sowie die kleineren Orte Ronsdorf, Cronenberg und Vohwinkel werden vereinigt und provisorisch Barmen-Elberfeld genannt. Nachmittags schwere Gewitter. **11. August 1929** — Berlin. «Ich übernehme jede Arbeit», steht auf dem Schild, das ein Mann auf der Friedrichstraße um den Hals trägt. Ja, zur Not würde er sogar ein Schild um den Hals tragen, auf dem «Ich übernehme jede Arbeit» steht. **17. Oktober 1929** — «Es sieht danach aus, dass die Aktienmärkte ein dauerhaft hohes Niveau erreicht haben», sagt der Ökonomieprofessor Irving Fischer und geht pfeifend spazieren. **25. Oktober 1929** — Der «Black Thursday», an dem an der New Yorker Börse die Aktienkurse ins Bodenlose fallen, wird in Deutschland aufgrund der Zeitverschiebung zum «Schwarzen Freitag». Versuche, auch die Farbe dieses Tages wenigstens ins Gräuliche zu verschieben, scheitern jedoch auf ganzer Linie. **26. Oktober 1929** — Was für eine Pleite. Und doch ist das oft kolportierte Bild des Börsenmaklers, der sich aus dem Fenster auf die Wall Street stürzt, ein falsches: Die Selbstmordrate der Monate Oktober und November ist sogar deutlich niedriger als die der Sommermonate, als die Börse noch boomte. Wie sollten sie auch ihre Beerdigung bezahlen? **31. Dezember 1929** — Das war's dann wohl mit den wilden Zwanzigern. Die Party ist vorbei. Was als Rausschmeißer gespielt wird? Wir wissen es nicht. Aber stellen wir uns mal vor, wie jemand, eine erloschene Kippe im Mundwinkel, auf einem verstimmten Honky-Tonk-Klavier das noch längst nicht komponierte «The Show Must Go On» spielt, in der denkbar langsamsten Version. Und dann verlassen wir, ebenso langsam, im Vorbeigehen ein fremdes Glas leerend, die Szenerie. Draußen: Barmen-Elberfeld. Es regnet.

> **«Time flies**
> **like an arrow.**
> **Fruit flies**
> **like a banana.»**
>
> *— Groucho Marx*

25. Januar 1930 — Weil sich die Bewohner partout nicht einigen können, ob es Elberfeld-Barmen oder Barmen-Elberfeld heißen soll, bekommt die neugegründete Stadt einen Namen, der sich aus ihrer Topographie ableitet: Wuppertal. Und nun zum Wetter. **1. Februar 1930** — Jetzt fragt ein Rundfunkreporter die Fliegerin Elly Beinhorn nach einer Notlandung in den Alpen: «Wie waren denn nun Ihre Gefühle, als Sie abstürzten?» Beinhorn: «Ich habe gewartet, dass es aus wäre. Und als es nicht aus war, bin ich ausgestiegen und habe die anderen beruhigt, die sich viel mehr aufgeregt haben als ich.» Reporter: «Da sieht man, wie weit wir heute mit der Selbstbeherrschung bei den jungen Damen schon vorgedrungen sind!» Eine Errungenschaft, von der er selbst in diesem Moment ganz besonders profitiert: Beinhorn lächelt bloß, statt dem Armleuchter eine zu knallen. **3. Februar 1930** — Vielleicht, liebe Leser, die Gelehrten sind sich da uneins, ist genau heute anno dazumal. **12. März 1930** — Wir sind von Kopf bis Fuß auf Kriege eingestellt. **11. April 1930** — Clyde Barrow wird auf der Gefängnisfarm Eastham von einem Mithäftling vergewaltigt. Er erschlägt diesen unter der Dusche (ein zu lebenslanger Haftstrafe Verurteilter nimmt die Schuld auf sich) und schwört der amerikanischen Justiz Rache für das, was sie ihm hat widerfahren lassen.

> **«There's a new air about him.
> A funny sort of something I can't
> put my finger on. I'm afraid
> he's not going to go straight. He
> changed from a friendly schoolboy
> to a rattlesnake.»**
>
> — *Nell Barrow, Clydes kleine Schwester*

13. Oktober 1930 — Zurück zu diesem seltsamen Pauli-Effekt, Sie erinnern sich. In James Francks Labor in Göttingen geht nun ein wertvoller Apparateteil zu Bruch, während Wolfgang Pauli ausnahmsweise mal nicht anwesend ist. Franck teilt dies dem in Zürich lebenden Kollegen mit, verknüpft mit dem Scherz, diesmal wenigstens treffe Pauli ja wohl keine Schuld. Dieser jedoch entgegnet, er habe zur fraglichen Zeit im Zug nach Kopenhagen einen kurzen Aufenthalt in Göttingen gehabt. Fortsetzung folgt. Vorausgesetzt, dieses Buch geht bis dahin nicht kaputt.

30. Dezember 1930 — Herman «Baron» Lamm, der Vater des modernen Bankraubs und John Dillingers Lehrmeister, stirbt nach einem Überfall in Sidell, Illinois. Dem Mann, der für seine akribische Planung berüchtigt ist, entgleitet diesmal alles: Da der Fluchtwagenfahrer angesichts eines Friseurs, der sich ihm mit einer Flinte bewaffnet in den Weg stellt, in Panik verfällt und die Karre zu Schrott fährt, muss Lamm kurzentschlossen umsteigen. Er erwischt jedoch das Auto eines Pensionärs, dessen Sohn einen Drehzahlbegrenzer hat einbauen lassen, damit der Alte sich nicht zu Tode fährt. Genau das tut nun aber Lamm: Mit 56 km/h Spitze tuckert er, die Polizei immer dichter hinter sich, aus der Stadt und erschießt sich schließlich selbst, mit einer Kugel, die immerhin so schnell ist wie gewohnt.

8. Februar 1931 — Und das ihm! Der österreichische Schriftsteller Thomas Bernhard ist vom Geborenwerden bedroht.

«ES IST ALLES LÄCHERLICH, WENN MAN AN DEN TOD DENKT.»

— *Thomas Bernhard*

22. Februar 1931 — Übrigens: An seinem 13. Geburtstag misst Robert Pershing Wadlow 2,24 Meter – und ist damit bereits jetzt das Kind, das in der Geschichte der Menschheit am häufigsten den Satz «Du bist aber groß geworden!» gehört hat. **25. Februar 1931** — Al Capone wird zu einer Haftstrafe von sechs Monaten verurteilt, weil er den

Termin zu einer Vorladung nicht akzeptiert hat. Der Vorwurf in dieser Sache: Steuerhinterziehung. Al Capone – wir können es uns gerade noch verkneifen, ihn den «Klaus Zumwinkel von Chicago» zu nennen. **14. April 1931** — Was macht eigentlich Adolf Hitler? Anruf bei Kurt Tucholsky: «Den Mann gibt es gar nicht. Er ist nur der Lärm, den er verursacht.» **13. September 1931** — Wolfgang Pauli bricht sich die Schulter. Selbst schuld. **18. September 1931** — München. Geli Raubal, mutmaßliche Freundin Adolf Hitlers, erschießt sich in ihrer Wohnung am Prinzregentenplatz.

Jane: «Jane.»
Tarzan: «Jane.»
Jane: «And you? You?»
Tarzan: «Tarzan! Tarzan!»
Jane: «Tarzan.»
Tarzan: «Jane. Tarzan. Jane. Tarzan.»

— *aus «Tarzan, der Affenmensch»*

1. Februar 1932 — Minus 52,6 Grad in Grünloch bei Lunz am See, Österreich. Es ist so kalt, dass blaues Licht warm scheint.

«Es gibt nicht das geringste Anzeichen, dass wir jemals Atomenergie entwickeln können.»

— *Albert Einstein*

1. März 1932 — USA. Der Sohn Charles Lindberghs wird entführt und, wie sich erst Monate später herausstellt, noch in derselben Nacht getötet. Endlich hat die Welt die zweite große Lindbergh-Story: die des Sohnes, der nie über den Atlantik fliegen wird. **12. März 1932** — Die durchschnittliche Wochenarbeitszeit beträgt nun 42 Stunden an sechs Werktagen. Und am Sonntag um 18.40 Uhr gucken alle «Lindenstraße». **11. Mai 1932** — Der Vollständigkeit halber: Regen in Wuppertal. **2. August 1932** — Bei den Olympischen Spielen in Los Angeles gewinnt die Polin Stanislawa Walasiewicz in einer Weltrekordzeit von 11,9 Sekunden Gold im 100-Meter-Lauf. Eine Nachricht unter vielen nur, finden Sie? Dann warten Sie mal den 4. Dezember 1980 ab!

«FÜMMS BÖ WÖ TÄÄ ZÄÄ UU, UU ZEE TEE WEE BEE FÜMMS.»

— Kurt Schwitters, «Ursonate»

30. Januar 1933 — Heute wird Adolf Hitler von Reichspräsident Paul von Hindenburg zum Reichskanzler ernannt. Weiß ja jeder. Aber schauen wir noch mal ganz genau hin: Da! Blitzschnell wischt sich dieser Hitler mit seinem entsetzlich albernen Schnurrbart den Schweiß von der Stirn. **1. Februar 1933** — Der Reichstag wird aufgelöst. In einer braunen, stinkenden Flüssigkeit. **27. Februar 1933** — Der Reichstag brennt. Der heiße Abriss der Demokratie. **5. März 1933** — Bei den Reichstagswahlen wird die NSDAP mit 43,9 Prozent der Stimmen stärkste Partei. Gleich bei Günther Jauch: Hermann Göring (NSDAP), Otto Wels (SPD), Wilhelm Pieck (KPD), Thomas Mann (Schriftsteller), Heinrich George (Schauspieler) und Hans-Ulrich Jörges («Stern»). **6. März 1933** — Generation Unmensch. **8. Mai 1933** — Norddeutschland, am Ende eines eigentlich recht schönen Tages. Im Licht, das bereits abnimmt zum Abend hin, ertrinkt der taubstumme Junge im Kolk beim Flecken Ossenbeck. Schließlich hört er doch noch, wie sein Herz aufhört zu schlagen. **10. Mai 1933** — Regen in Wuppertal, naturgemäß. Und Regen auch in Berlin. Die NS-Studenten kriegen deshalb ihr Feuer auf dem Opernplatz nicht in Gang, dem sie doch so gern alle undeutsche Literatur übergeben wollen. Doch zum Glück kommt ja schon die Feuerwehr und steckt alles in Brand. **35. Mai 1933** — Der Schriftsteller Erich Kästner hat einen Albtraum, aus dem er schreiend erwacht. Der Albtraum bleibt. **13. Dezember 1933** — Clyde Barrow, inzwischen zusammen mit seiner Lebensgefährtin Bonnie Parker der meistgesuchte Raubmörder der Vereinigten Staaten, überfällt die Gefängnisfarm Eastham, erschießt zwei Wärter und befreit etliche Insassen. Bonnie und Clyde: das tödliche Traumpaar. Man müsste diese Geschichte verfilmen.

30. Januar 1934 — Noch 999 Jahre Tausendjähriges Reich.

«Dear Sir – While I still have got
breath in my lungs I will
tell you what a dandy car you make.
I have drove Fords exclusively when
I could get away with one.
For sustained speed and freedom
from trouble the Ford has got
ever other car skinned and even if my
business hasn't been strictly legal
it don't hurt any thing to tell you
what a fine car you got in the V8 –
Yours truly, Clyde Champion Barrow»

— *Clyde Barrow in einem Brief an den
Autofabrikanten Henry Ford vom 14. April 1934*

23. Mai 1934 — Der sagenhafte Ford V8 wird in einem Hinterhalt der Polizei von 167 Maschinengewehrkugeln durchsiebt. Clyde Barrow und Bonnie Parker werden von je mehr als 50 getroffen und sind sofort tot. Man beerdigt sie auf zwei verschiedenen Friedhöfen.

«Some day they'll go down together
And they'll bury them side by side
To few it'll be grief, to the law a relief
But it's death for Bonnie and Clyde.»

— *Bonnie Parker, «The Ballad of Bonnie and Clyde»*

11. Juni 1934 — Bremen. Der Ingenieur Heinrich Focke hat den ersten wirklich leistungsfähigen Hubschrauber entwickelt. Als er zum Jungfernflug aufbrechen will, befindet sich Peter Scholl-Latour schon an Bord.

«Wieder ist ein Parteigenosse von einem krummbeinigen, o-füßigen Dackel bei Nacht und Nebel hinterrücks überfallen worden. Krummbeinig: Das verrät die wahre Rasse dieser ostjüdischen Haustiere, die mit herabhängenden, gelockten Ohren am Rückenmark unserer Volksgenossen saugen und unserem deutschen Schäferhund den Knochen vor der Nase wegschnappen. Unser Führer Adolf Hitler spricht morgen im Sportpalast zu dieser nationalen Sache. Parteigenossen erscheinen in einfacher Feldausrüstung mit Handgranaten und Flammenwerfern.»

— Paul Morgan, Komiker, * 1886 in Wien, † 1938 in Buchenwald

22. Juli 1934 — Chicago. Nach einem Kinobesuch wird John Dillinger, der Staatsfeind Nr. 1, von FBI-Agenten erschossen – ziemlich genau so, wie er es zuvor im Kino gesehen hat. **2. August 1934** — Paul von Hindenburg stirbt. Dass er das noch erleben darf! **5. September 1934** — Nürnberg. Beim Reichsparteitag der NSDAP inszeniert Leni Riefenstahl gemeinsam mit SS und SA die einarmige La Ola.

2. Februar 1935 — Ob Sie's nun glauben oder nicht: In den USA kommt erstmals ein Lügendetektor zum Einsatz. **2. März 1935** — Alles in Butter? In Thailand dankt König Rama VII. ab. **3. März 1935** — Wohl doch nicht: Auf König Rama VII. folgt König Rama VIII. **24. Mai 1935** — Schrödingers Katze würde Whiskas kaufen. Wenn …

«Eine Katze wird in eine Stahlkammer gesperrt, zusammen mit folgender Höllenmaschine (die man gegen den direkten Zugriff der Katze sichern muss): in einem Geigerschen Zählrohr befindet sich eine winzige Menge radioaktiver Substanz, so wenig, dass im Laufe einer Stunde vielleicht eines von den Atomen zerfällt, ebenso wahrscheinlich aber auch keines; geschieht es, so spricht das Zählrohr an und betätigt über ein Relais ein Hämmerchen, das ein Kölbchen mit Blausäure zertrümmert. Hat man dieses ganze System eine Stunde lang sich selbst überlassen, so wird man sich sagen, dass die Katze noch lebt, wenn inzwischen kein Atom zerfallen ist. Der erste Atomzerfall würde sie vergiftet haben. Die Psi-Funktion des ganzen Systems würde das so zum Ausdruck bringen, dass in ihr die lebende und die tote Katze zu gleichen Teilen gemischt oder verschmiert sind.»

— *Erwin Schrödinger*

10. Juni 1935 — «Halloooooo! Ich bin Dr. Bob, und ich bin besoffen!» – «Ich weiß, wer du bist. Wir müssen das anders machen. Und jetzt trink aus.» Der Börsenmakler William G. Wilson und der Arzt Robert H. Smith gründen die Anonymen Alkoholiker. **7. Juli 1935** — Ein Meldung, die alles sagt, vielleicht sogar noch mehr: Reichsjugend-führer Baldur von Schirach verbietet Angehörigen der Hitlerjugend die Mitgliedschaft in einer studentischen Verbindung. Auslöser war die «Verächtlichmachung des Führers» bei einem Spargelessen des Heidelberger Corps Saxo Borussia. Keine weiteren Fragen. **31. August 1935** — Der sowjetische Bergmann Alexei Stachanow fördert in einer Schicht 102 Tonnen Kohle und übererfüllt damit sei-ne Arbeitsnorm um das Dreizehnfache. Es wird nicht das Einzige bleiben, was er um das Dreizehnfache übererfüllt, aber dazu später mehr, in genau vierzig Jahren. **15. September 1935** — Nachdem es im Juli auf dem Berliner Kurfürsten-tendamm zu antisemitischen Krawallen gekommen ist und es so scheint, als würden die Nazis die Kontrolle über ihren eigenen Mob verlieren, legalisieren sie den Antisemitismus kurzerhand: Die Nürnberger Gesetze werden erlassen.

> **«Die Judenhetze ist so maßlos geworden, weit schlimmer als beim ersten Boykott, Pogromanfänge gibt es da und dort, und wir rechnen damit, hier nächstens totgeschlagen zu werden. Nicht durch Nachbarn, aber durch nettoyeurs, die man da und dort als ‹Volksseele› einsetzt.»**
>
> — *Victor Klemperer*

13. Oktober 1935 — Der Lange Marsch, mit dem sich die chinesischen Kommunisten unter der Führung Mao Tsetungs aus der Umklammerung der Nationalisten befreien wollen, beginnt: 12 500 Kilometer in 370 Tagen. Nur zehn Prozent der 90 000 Marschierenden überleben. Unter ihnen zwei Igel, aber kein Hase. **2. Dezember 1935** — Im sibirischen Gulag. Drei Gefangene sprechen über die Gründe für ihre Deportation. «Ich bin hier, weil ich immer fünf Minuten zu spät in die Fabrik gekommen bin. Man hat mir Sabotage vorgeworfen», sagt der erste. «Das ist ja merkwürdig», sagt der zweite. «Ich bin hier, weil ich immer fünf Minuten zu früh da gewesen bin. Sie haben mich wegen Spionage verurteilt.» – «Ach ja?», fragt der dritte überrascht. «Ich bin hier, weil ich jeden Tag pünktlich war. Da haben sie herausgefunden, dass ich eine Uhr aus dem Westen hatte.»

4. Januar 1936 — Das US-Magazin «Billboard» veröffentlicht die erste Hitparade. Und erfindet so ganz nebenbei den Satz «Ich hör alles querbeet, Charts und so.» **13. Februar 1936** — Die Reklame eines Herstellers für Fahrsicherheitstechnik hat natürlich vollkommen recht: «Achtung! Der Tod lauert an jeder Straßenecke!» Dennoch kann der beworbene Stoßdämpfer diese Gefahr nicht gänzlich bannen: Die Mörder, sie kommen zu Fuß. **27. März 1936** — Fällt aus. **18. Mai 1936** — Was haben Frauen in ihrer Handtasche? Heute endlich konnte dieses Geheimnis gelüftet werden, gleichwohl sind die Männer hinterher auch nicht viel besser dran. In Tokio wird Abe Sada von Polizisten festgenommen. In ihrer Handtasche befinden sich ein Lippenstift, einige Zeitschriften und die abgetrennten Genitalien ihres Geliebten, den sie drei Tage zuvor beim erotischen Spiel stranguliert hat.

«Ich wollte den Teil mit mir nehmen, der mir die lebhaftesten Erinnerungen brachte.»

—Abe Sada

19. Mai 1936 — In Tokio ist es heute «so» kalt. **19. Juni 1936** — New York. Der Boxer Max Schmeling schlägt den als unbesiegbar geltenden Joe Louis in der 12. Runde k. o. Wenn er schon wüsste, dass ihn in 74 Jahren in einem Film über sein Leben Henry Maske verkörpern wird – vielleicht würde er sich einfach zu Louis in den Ringstaub legen und sich ebenfalls auszählen lassen. **13. Juli 1936** — Berlin. Die Vorbereitungen laufen auf Hochtouren. Bald können sowohl das Olympiastadion als auch das Konzentrationslager Sachsenhausen vor den Toren der Stadt eröffnet werden. **1. August 1936** — Das Olympiastadion ist voll, er hört das Dröhnen, hört sie warten, rumoren, ihre Unruhe. Die Deutschen, seine Anhänger. Das Fernsehen ist auch da. Noch einmal geht er die ersten Worte im Kopf durch, dann tritt er hinaus, vor die Menge, und brüllt in den Jubel, das Pfeifen der Massen: «Hallo, Berlin! Kennste den? Meine Frau. Kennste, kennste!» Oh, Moment: Da ist etwas durcheinandergekommen. Falsches Jahr. Falscher Komiker. Egal. Hauptsache, Olympiastadion voll. **8. August 1936** — Wir geben ab in die gleichgeschalteten Funkhäuser. **16. August 1936** — Die Abschlussfeier der Spiele. Ein Lichtdom über dem Olympiastadion. Er besteht aus denselben Scheinwerfern, die kaum neun Jahre später den Himmel über Berlin nach Bombern absuchen werden. **17. August 1936** — Der nächste Fackellauf auf deutschem Boden folgt übrigens nicht dem olympischen Gedanken. **5. September 1936** — Cerro Muriano, Spanien. Der 24-jährige Federico Borrell Garcia bricht zum Shooting auf: Er wird heute dem Kriegsfotografen Robert Capa für sein Werk «Loyalistischer Soldat im Moment seines Todes» Modell stehen.

26. April 1937 — Baskenland, Spanien. Pablo Picasso, die Legion Condor und das Corpo Truppe Volontarie erschaffen das Bild «Guernica». Öl auf Leinwand, 349 × 777 cm. Beziehungsweise Blut auf Stein, 8,47 km².

«It's burst into flames, it's burst into flames and it's falling, it's crashing. Watch it! Watch it, folks! Get out of the way, get out of the way. Get this, Charlie, get this, Charlie! It's cra… and it's crashing, it's crashing, terrible. Oh, my! Get out of the way, please! It is burning, bursting into flames and … and it's falling on the mooring mast and all the folks agree this is terrible, this is one of the worst catastrophes in the world! Oh, four or five hundred feet into the sky, it's a terrific crash, ladies and gentlemen. There's smoke and there's flames now and the frame is crashing to the ground, not quite to the mooring mast. Oh, the humanity and all the passengers, screaming around me!»

— Herbert Morrison in seiner Rundfunkreportage für den Chicagoer Radiosender WLS über den Absturz des Luftschiffs «Hindenburg» am 6. Mai 1937

11. Juni 1937 — Heute von 15 Uhr bis 15.30 Uhr: Die halbe Stunde der Wahrheit. **19. Juli 1937** — Falls Sie noch nichts vorhaben: In den Münchner Hofgartenarkaden wird heute die beste überhaupt denkbare Ausstellung zur modernen Kunst eröffnet, mit Werken von Ernst Barlach, Max Beckmann, Emil Nolde, Max Ernst, Franz Marc, Paul Klee, Oskar Kokoschka, Wassily Kandinsky und vielen anderen. Der Eintritt ist frei! **18. Oktober 1937** — Moskau. An diesem schwarzweißen Tag betreten wir die Lubjanka, das Hauptquartier des sowjetischen Geheimdienstes KGB. Und zu unserem Erstaunen hören wir kein finsteres Cello-Stakkato, wie wir es aus Guido-Knopp-Filmen kennen. Nur Stille. Umso entsetzlichere Stille. **23. Dezember 1937** — Wien. Sigmund Freud vergisst das Wort «vergessen».

«Nehmen Sie Dada ernst! Es lohnt sich.»

— George Grosz

3. Januar 1938 — Hitler denkt an Krieg. Der Krieg denkt an Hitler. **12. März 1938** — Österreich wird ans Pogromnetz angeschlossen. **14. März 1938** — Auch wenn die britische Regierung vorerst alles tut, um den Anschein des Gegenteils zu erwecken: Der Anschluss hat Auswirkungen bis nach England. Ludwig Wittgenstein, nicht nur absolut gegen seinen Willen deutscher Staatsbürger, sondern auch aufgrund eines schon vergessenen Urahns soeben Jude geworden, notiert in Cambridge in sein Tagebuch: «Warum unterwirfst Du Dich nicht in aller Freundlichkeit der neuen Obrigkeit, die Du ja nicht berufen hast? Was macht es eigentlich, dass Du einen deutschen Judenpass erhältst, statt des alten österreichischen? Warum soll Dir dieser in der Tasche brennen, wenn's der andere nicht getan hat?» **12. April 1938** — Reichsmarschall Hermann Göring eignet sich die Fromms-Gummiwerke an und wird dadurch Monopolist in der Herstellung von Kondomen. Das müssen Sie nicht unbedingt wissen, aber nun ist es ja zu spät. Entschuldigung. **13. April 1938** — Zu spät ist ja ohnehin vieles in diesen Tagen. Beziehungsweise: Es wird zu spät sein. Futur I. Tempus destruendi. Die Zukunft, die schon jetzt in Trümmern liegt. **3. Mai 1938** — Der Baum, aus dem das Papier hergestellt wird, auf dem Hitler und Stalin ihren Nichtangriffspakt unterzeichnen werden, erschlägt den Mann, der ihn fällt. **1. Juni 1938** — Ein herber Verlust kennzeichnet diesen Tag: Angesichts der nicht zu bewältigenden Probleme dieser Welt entschließt sich Superman zu einer Karriere als Comicfigur. Hören Sie dazu einen Kommentar von Ulrich Deppendorf vom Westdeutschen Rundfunk. **8. September 1938** — New York. Der amerikanische Ingenieur Chester Carlson erfindet den Fotokopierer. Den Papierstau erfindet er wenige Sekunden später. **24. September 1938** — Godesberg. Hier soll eine Lösung der Sudetenkrise gefunden werden. Nachdem der britische Premierminister Neville Chamberlain «Ein bisschen Frieden» zum Besten gegeben hat, sich selbst auf einer eigens mitgebrachten Wandergitarre begleitend, die erschütternde Reaktion: Deutschland gibt ihm null Punkte. **7. Oktober 1938** — Hitler fährt im offenen Wagen durch das Sudetenland. Die Menschen werfen Blumen hinein. Ein schöner Tag, denkt Hitler. An einer Raststätte trinkt er mit Freunden einen Cappuccino. Da: eine Taube! Und da: ein Falke! Dann fällt ihm wieder ein, wer er ist: Hitler. Ach ja. Heil usw. **9. November 1938** — Rath-Aktion, Grünspan-Affäre, Bartholomäusnacht, Glasnacht, gläserner Donnerstag, Novemberpogrom, Tag der deutschen Scherbe, Reichstrümmertag, Synagogenbrand, Synagogensturm, Kristallnacht, Pogromnacht: Es gibt viele Namen für das, was heute Nacht geschieht. Und doch fehlen einem die Worte.

«Sie erzählte, wie in Leipzig die SA angetreten sei, Benzin in die Synagoge und ein jüdisches Warenhaus gegossen habe, wie die Feuerwehr nur die umliegenden Gebäude schützen durfte, den Brand aber nicht zu bekämpfen hatte, wie man dann den Warenhausbesitzer als Brandstifter und Versicherungsbetrüger verhaftete. In Leipzig erfuhren wir auch die Milliardenbuße, das deutsche Volk habe die Juden gerichtet ... Trude zeigte uns ein offenes Erkerfenster ihr gegenüber. So steht es seit Tagen offen; die Leute sind ‹geholt› worden.»

— *Victor Klemperer über einen Besuch bei der Freundin Trude Öhlmann*

17. Dezember 1938 — Adolf Hitler wird vom «TIME Magazine» zum Mann des Jahres gekürt.

11. Februar 1939 — Ludwig Wittgenstein wird von der Universität Cambridge zum ordentlichen Professor ernannt.

«TO REFUSE THE CHAIR TO WITTGENSTEIN WOULD BE LIKE REFUSING EINSTEIN A CHAIR OF PHYSICS.»

— *C. D. Broad*

14. April 1939 — Ludwig Wittgenstein wird britischer Staatsbürger.

> **«Die Menschen heute**
> **glauben, die Wissenschaftler**
> **seien da, sie zu belehren,**
> **die Dichter und Musiker etc.,**
> **sie zu erfreuen. Dass diese**
> **sie etwas zu lehren haben, kommt**
> **ihnen nicht in den Sinn.»**
>
> — *Ludwig Wittgenstein*

23. Juli 1939 — Mahatma Gandhi schreibt an Hitler: «Es ist offenkundig, dass Sie derzeit die einzige Person auf der Welt sind, die einen Krieg verhindern kann, der uns zu Wilden degradieren würde. Sind Sie wirklich bereit, einen derart hohen Preis zu bezahlen, egal, was sie zu erreichen suchen?» Der Brief soll Hitler nie erreicht haben. Aber vielleicht ist das nur eine faule Ausrede des Weltgeists. **24. August 1939** — Hitler und Stalin: Nichtangriffspack. **1. September 1939** — Wie Max Goldt später einmal ganz richtig feststellen wird: «Eintrudeln ist gästespezifisches Ankunftsverhalten.» Vollkommen ungeeignet, so Goldt, sei hingegen die Formulierung: Die Deutschen trudeln in Polen ein.

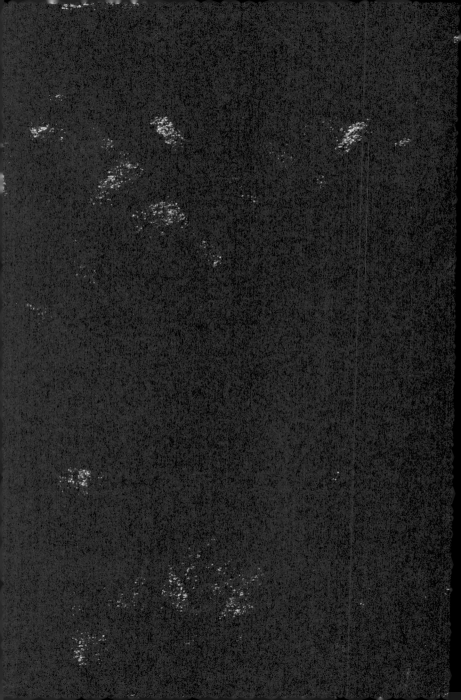

Beginn der zweiten
totalen Menschheitsfinsternis.

2. September 1939 — In den kommenden sechs Jahren fällt alle 4,6 Sekunden jemand dem Krieg zum Opfer. Es ist wie die Reise nach Jerusalem, bloß umgekehrt: Nicht die Stühle werden immer weniger, sondern die Menschen. Sitzt Hitler am Ende allein da und ruft «Gewonnen!»? **3. September 1939** — Polnische Pferde gegen deutsche Panzer. Der Regisseur Andrzej Wajda, damals 13 Jahre alt, wird sich einmal so an diesen Anblick erinnern: «Noch während unserer Flucht trafen wir motorisierte deutsche Infanterie. Das nächste Mal habe ich solch ein Erlebnis erst in dem Film ‹Krieg der Sterne› gehabt.» **5. September 1939** — Auch Guido Knopp ist völlig aus dem Häuschen. Endlich wieder Mord und Totschlag. Weltkrieg: Mit dem Zweiten sieht man besser. **15. September 1939** — Die Menschen, sie fragen sich: «Was steht uns bevor?», als wäre es ein Schrank, ein dicker Mann, ein falsch geparktes Auto. **25. September 1939** — Luftangriff auf Warschau. «Himmel, hilf!», ruft eine alte Frau. Der aber lässt 560 Tonnen Spreng- und 72 Tonnen Brandbomben auf sie regnen. **11. Oktober 1939** — Charity-Ladys weltweit sind verzweifelt: Weder der Friedensnobelpreis noch der Bambi für Zivilcourage werden dieses Jahr vergeben! **16. Oktober 1939** — Die Stimmung im Reich ist prächtig, die Kriegseuphorie scheint keine Grenzen zu kennen. Doch ist dem Volk wirklich zu trauen? Vermutlich nicht. Zur Sicherheit wird vom SD, dem Geheimdienst der SS, ein Spitzelsystem mit über 6000 Agenten und mehr als 30 000 Informanten errichtet, das jedes staatsfeindliche Husten registrieren soll. Die Ergebnisse werden in streng geheimen «Meldungen aus dem Reich» direkt an die höchsten Stellen weitergegeben. So auch diese: «Die allgemeine Stimmung ist so stark gegen England eingestellt, dass selbst die Kinder auf den Straßen Spottlieder über England, insbesondere über Chamberlain, singen.» Na, dann ist ja alles in Ordnung. **19. Dezember 1939** — Josef Stalin wird vom «TIME Magazine» zum Mann des Jahres gekürt.

2. Februar 1940 — Penicillin wird zur Kriegswaffe: Je mehr Soldaten überleben, desto mehr Soldaten können sie töten. **13. Mai 1940** — «I have nothing to offer but blood, toil, tears and sweat», ruft Winston Churchill. Adolf Hitler bestellt die ganze Karte. **15. Mai 1940** — San Bernardino, Kalifornien. Die Brüder Richard und Maurice McDonald, von ihren Freunden «Dick» und «Mac» gerufen, eröffnen das erste McDonald's-Restaurant. Sechzig Jahre noch, dann ist jeder dritte Amerikaner adipös. Guten Appetit. **4. Juni 1940** — «We shall fight on the beaches», ruft Churchill nun. Und das tun sie in gewisser Hinsicht bis heute: gegen die verdammten Handtücher der verdammten Deutschen auf den verdammten Liegestühlen. **24. Juni 1940** — Paris. Im Invalidendom steht Hitler tief bewegt vor dem Grab Napoleons. Wie sagte dieser noch gleich? «Geschichte ist eine Fabel, auf die man sich geeinigt hat.» **1. Juli 1940** — Paris. Die Wegweiser in den Straßen sind nun doppelt so lang wie vor der Besatzung: «Heeres-Kraftfahr-Park» steht darauf, «Luftwaffen-Lazarett», «OKW-Reifenlager». Ja: Es steht den Parisern bis HIER!

«DEMOKRATIE SCHTONK! LIBERTY SCHTONK! FREE SPRECKEN SCHTONK!»

— Charlie Chaplin, «Der Große Diktator»

15. Juli 1940 — Großer Abschied. Bei seinem Tod misst Robert Pershing Wadlow 2,72 Meter. Er wird in einem 3,28 Meter langen Sarg beerdigt, der von zwölf Männern getragen wird. Und die Kosten für all die Stiefmütterchen auf seinem Grab treiben seine Familie beinah in den Ruin. **13. Dezember 1940** — Winston Churchill wird vom «TIME Magazine» zum Mann des Jahres erkoren. **15. Dezember 1940** — Darf man über Hitler weinen?

25. März 1941 — Der deutsche Hilfskreuzer Thor versenkt 720 Seemeilen westlich von Freetown, Sierra Leone, den britischen Truppentransporter Britannia. Nach dem Untergang klammern sich elf Überlebende an ein Rettungsfloß, von denen einer nach übereinstimmenden Berichten der übrigen von einem Riesenkalmar in die Tiefe gezogen worden sei. Ein entsetzlicherer Tod lässt sich kaum denken. Aber dieses Jahrhundert, so viel ist gewiss, wird uns schon noch auf die Sprünge helfen. **10. Mai 1941** — Hitlers Stellvertreter Rudolf Heß fliegt ohne dessen Einverständnis zu Friedensverhandlungen nach Schottland. Hitler hängt daraufhin Zettel an Berliner Laternenmasten: «Brauner Wellensittich entflogen. Abzugeben Reichskanzlei.» Ein Witz? Vielleicht. **12. Mai 1941** — Berlin: Konrad Zuse stellt den Z3, den weltweit ersten Computer, der Öffentlichkeit vor. Dann geht er in Berlin-Mitte einen Latte macchiato trinken und checkt seine Mails.

«Computer sind nutzlos. Sie können nur Antworten geben.»

— *Pablo Picasso*

6. Juni 1941 — Zwei Wochen vor Beginn des Russlandfeldzugs. Als Generalfeldmarschall Wilhelm Keitel ihm ein Papier zur Unterschrift hinhält, fällt Hitler der Führerfüller zu Boden. Keitel bückt sich, auch Hitler bückt sich, sie stoßen mit den Köpfen zusammen. Sie lachen verlegen. Haha. Ha. So was aber auch. Dann fangen sie sich. Nun gut, was ist hier noch mal zu unterschreiben? Ach ja: Der Befehl, alle russischen Kommissare nach ihrer Gefangennahme unverzüglich zu erschießen. Na, dann wollen wir mal.

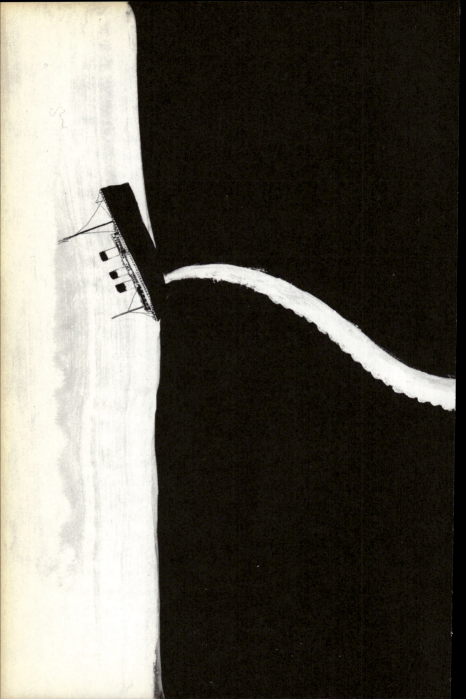

riesiger
Blauwal

gigantischer
Fischschwarm → •

14. Juni 1941 — Verdammter Krieg. Die durchschnittliche Wochenarbeitszeit ist wieder auf 50 Stunden an sechs Arbeitstagen angestiegen. Bei Großoffensiven auch mehr.

> **«Das allgemeine
> Interesse der Bevölkerung steht
> im Zeichen einer starken
> Spannung auf den nächsten Schlag
> der deutschen Wehrmacht.
> Überall wird die Hoffnung
> ausgesprochen, dass es
> in den nächsten 14 Tagen wieder
> irgendwo groß losgehe.»**
>
> — *«Meldungen aus dem Reich»*
> *vom 16. Juni 1941*

22. Juni 1941 — 3 Uhr morgens, im Osten geht es groß los, das «Unternehmen Barbarossa» beginnt. Auf einer Breite von 1600 Kilometern greift Deutschland, das sich bereits mit der halben Welt im Krieg befindet, jetzt auch die Sowjetunion an. Stalin ist überrascht: Da ist ja jemand tatsächlich noch irrer als er. **13. Juli 1941** — Bei Lemberg. Ein vor zwei Stunden zugeschüttetes Loch. Die Erde, sie bewegt sich noch. Lebendig begraben.

> **«Da war eine Grube gewesen,**
> **die war aber schon zu. Da**
> **quoll, wie ein Geiser, ein Blutstrahl**
> **heraus. Auch so etwas habe**
> **ich noch nie gesehen. Mir reichte**
> **der Auftrag, ich bin nach**
> **Berlin gefahren und habe dem**
> **Gruppenführer Müller das berichtet.»**
>
> — *Adolf Eichmann,*
> *zitiert nach Hannah Arendt*

1. August 1941 — Wer auf «Heil Hitler!» mit der Frage «Ist er denn krank?» reagiert, kommt für anderthalb Jahre ins Zuchthaus. Er ist krank, ja.

> **«Was verschweigen mir**
> **meine Ärzte? Kann ich diesen**
> **Leuten überhaupt noch trauen?**
> **Bin total zerstochen von den**
> **vielen Spritzen. Bin ich vielleicht ...**
> **unheilbar krank?»**
>
> — *aus den gefälschten Hitler-Tagebüchern*
> *von Konrad Kujau*

6. August 1941 — Hitler zeigt sich, trotz Unwohlseins, an der Ostfront. Dieser Feldzug sei ein «Sandkastenspiel», sagt er. Fast richtig: Es ist ein Treibsandkastenspiel.

«Gestern, als Eva den Judenstern
annähte, tobsüchtiger Verzweiflungsanfall
bei mir. Auch Evas Nerven zu Ende.
Sie ist blaß, hat ein eingefallenes Gesicht.
(Wir ließen uns vorgestern nach Jahren
einmal wiegen. Eva in leichter Kleidung
56 Kilogramm, drei weniger als im
Kohlrübenwinter 1917 – ihr gutes Gewicht
war 70 Kilogramm. Ich immer noch
67 Kilogramm – es waren früher 75.)
Ich sagte mir, ich müsse mich verhalten wie
nach dem Autounfall: gleich wieder
ans Steuer! Gestern nur bei völliger
Dunkelheit nach dem Abendessen ein paar
Schritte mit Eva. Heute um mittag
ging ich wirklich zum Kaufmann Ölsner am
Wasaplatz und holte Selters. Es kostete
mich furchtbare Überwindung.»**

— *Victor Klemperer*

13. September 1941 — Liebe Leser, wir möchten Ihnen einen weiteren Unmenschen dieses von Unmenschen geradezu überrannten Jahrhunderts vorstellen. Sein Name: Joseph Kennedy. Ohne seiner Frau oder sonst einem Mitglied seiner Familie etwas davon zu sagen, beschließt der Patriarch, seine älteste Tochter Rosemary, die nicht so brillant ist wie seine anderen Kinder, geistig zurückgeblieben nach seinen Maßstäben, einer Lobotomie zu unterziehen, weil er befürchtet, sie könnte Schande über die Familie bringen. Um 9.20 Uhr bohren der Neurologe Dr. Walter Freeman und der

Neurochirurg Dr. James W. Watts zwei Löcher in Rosemary Kennedys Schädel. Um 9.40 Uhr soll sie das Lied «God Bless America» singen, während Watts zahlreiche Nervenbahnen in ihrem präfrontalen Kortex irreversibel durchtrennt. Rosemary Kennedy ist nun nicht nur zurückgeblieben, sie ist inkontinent und starrt stundenlang die Wand an. Ihr Vater, der Unmensch, verfügt, dass in seiner Gegenwart niemals wieder von Rosemary gesprochen werden darf.

**«God bless America, Land that I love.
Stand beside her, and guide her
Through the night with a light from above.
From the mountains, to the prairies,
to the oceans, white with foam. God bless
America, my home sweet home.»**

11. Oktober 1941 — Weil wegen eines Angriffs der deutschen Luftwaffe Hunderte Verwundete in das Krankenhaus in Cambridge eingeliefert werden, in dem auch der Mathematiker Francis Skinner wegen einer Polioerkrankung landet, wird der Lebensgefährte von Ludwig Wittgenstein 16 Stunden lang auf einem Korridor vergessen und stirbt an den Folgen dieser Vernachlässigung. Wittgenstein ist im Moment seines Todes bei ihm. Als ihm bewusst wird, wie schlecht und lieblos er Skinner meist behandelt hat, erleidet er einen Nervenzusammenbruch. **6. Dezember 1941** — Über den Ostpazifik weht ein leichter Wind. «Kamikaze», das bedeutet «Hauch Gottes». **7. Dezember 1941** — We interrupt this book to bring you a special news bulletin. The Japanese have attacked Pearl Harbor, Hawaii, by air. **10. Dezember 1941** — Franklin D. Roosevelt wird vom «TIME Magazine» zum Mann des Jahres gekürt.

7. Januar 1942 — Ein Haus, irgendwo auf dem Land. Zum Hof hat es nur zwei Fenster, gerade groß genug für sein kleines Gesicht. Der arme Junge muss auf den Schemel steigen, wenn er sehen will, dass der Vater auch heute nicht heimkehren wird. Wo ist Osten? Was ist ein Krieg? **12. Januar 1942** — Sie errichten neue Fabriken. Auschwitz-Birkenau, Majdanek, Belzec, Sobibor, Treblinka: Der Tod ist jetzt wieder lieferbar. **17. Januar 1942** — Louisville, Kentucky. Eine Stadt, in der Schwarze die Straßenseite wechseln müssen, wenn ihnen ein Weißer entgegenkommt. Als Odessa Grady Clay sich einmal mehr an diese Regel hält, beginnt ihr ungeborener Sohn Cassius in ihrem Bauch wie wild zu boxen. Noch am selben Tag kommt er zur Welt, um sie zu ändern. **24. Januar 1942** — Schlechte Laune bei den Spitzeln des Sicherheitsdienstes. Erstmals müssen sie auch über Unmut in der Bevölkerung berichten. «Aus allen Teilen des Reiches liegen zahlreiche Meldungen vor, aus denen hervorgeht, dass durch den Millioneneinsatz fremdvölkischer Arbeiter im Reich der Geschlechtsverkehr mit deutschen Frauen ständig zunimmt. Die Stimmung der Bevölkerung werde durch diese Tatsache nicht unwesentlich im negativen Sinne beeinträchtigt.» **14. Februar 1942** — Frankreich, Polen, Russland. Was er auch anfasst, er macht es kaputt. Ach, Hitler. Er hat eben zwei rechte Hände. **23. Februar 1942** — Die Eiserne Ration der Wehrmacht im Zweiten Weltkrieg besteht aus: 300 g Brotration (Hartkekse, Knäckebrot oder Zwieback), einer

Fleischkonserve (200 Gramm, z. B. Schinkenwurst), 150 g Fertiggericht (z. B. eingedoster Gemüseeintopf oder Erbswurst) und einem Tütchen Kaffeepulver (20 Gramm). Ein Ritterkreuz wiegt etwa 30 Gramm.

> **«16.20 Einnahme der Substanz.
> 17.00 Beginnender Schwindel,
> Angstgefühl, Sehstörungen, Lähmungen,
> Lachreiz. Mit Velo nach Hause.
> Von 18 – ca. 20 Uhr schwerste Krise.»**
>
> *— Albert Hofmann: Protokoll des ersten LSD-Selbstversuchs*

3. Juni 1942 — Die SS hat den Nutzwert ihrer Sklaven in den Konzentrationslagern errechnet. Erträge aus Verleih: 6 Mark pro Tag. Abzug für Verpflegung und Unterkunft: 60 Pfennig. Lebenserwartung: 9 Monate. Reingewinn: 1458 Mark. Wann endlich leisten die Buchhalter Widerstand? **10. Juni 1942** — Berlin – Auschwitz. Die Fahrt kostet vier Pfennig pro Passagier und Kilometer. Ohne Rückfahrkarte. **23. August 1942** — Nachdem die deutsche Luftwaffe eine Million Bomben auf Stalingrad geworfen hat, ist selbst die Wolga mit Feuer überzogen. Auf ihr fahren noch immer Schiffe. Sie bringen die Sterbenden von einer Hölle zur anderen. **21. September 1942** — Durch die Kanalisation von Stalingrad kriechen russische Soldaten in die verlorene Stadt. «Rattenkrieg» nennen es die Deutschen. Sie ahnen noch nicht, dass es Mäuse sein werden, die, aus dem Heu hervorkriechend, die Kabel ihrer Panzer zernagen. **11. November 1942** — Generalgouverneur Hans Frank, der

Schlächter von Polen, sitzt in einem besetzten Gutshaus am Flügel und spielt Chopin. Und weder Chopin noch Polen können sich wehren.

> **«Die Deutschen sind
> ein gefühlvolles Volk, sie sind
> das gefühlvollste und
> kultivierteste Volk der Welt.
> Das deutsche Volk
> isst keine Leichen. Es isst
> lebendige Menschen.»**
>
> — *Curzio Malaparte, «Kaputt»*

6. Dezember 1942 — Nikolaustag in Stalingrad. Einer stellt seine Füße vor die Tür. **17. Dezember 1942** — Luftwaffenchef Hermann Göring hat die Luftversorgung des Kessels von Stalingrad mit 500 Tonnen pro Tag zugesagt, nur 94 Tonnen kommen an. Göring wiegt 130 Kilo. Arme Seelen wiegen 21 Gramm. **19. Dezember 1942** — Jetzt versucht einer, ans Fahrgestell eines abhebenden Versorgungsflugzeugs geklammert, auf dem Luftweg aus Stalingrad zu entkommen. Er stürzt ab, aus einer Höhe, die es ihm eben noch erlaubt, sein Schicksal vollauf zu begreifen. «Ich fliege», denkt er. Und dann: «Ich sterbe.» **28. Dezember 1942** — Noch einmal Stalingrad. Bevor der junge Soldat, auf eine Schneewehe gesunken, erfriert, ereilt ihn eine letzte Halluzination: Er hängt in der warmen Stube ein Bild auf. Der weltbekannte Künstler Adolf Hitler, ausgebildet an der Wiener Akademie, hat es gemalt. Frieden.

30. Januar 1943 — «Reinlichkeit ist hier Pflicht», steht auf einem Schild in Auschwitz. Der alte Mann merkt sich, wie ihm geheißen, die Nummer des Hakens, an den er seine Kleidung hängt. Dann geht er durch die Tür mit der Aufschrift «Brausebad». Es braucht 5 Kilogramm Zyklon B, bis 1500 Menschen aufhören zu schreien. **18. Februar 1943** — Joseph Goebbels spricht im Berliner Sportpalast. In seiner Rede, die 108 Minuten dauert, fällt 108 Mal das Wort «Krieg». Aber nur drei Mal das Wort «Zukunft». **19. Februar 1943** — Goebbels hat kaum geschlafen. Was, wenn sie «Nein!» gerufen hätten? Die schöne Rede! Der schöne Krieg! **27. März 1943** — Frau Hölle schüttelt die Betten auf: Es regnet Asche auf Dachau. **17. Mai 1943** — Das ganze Sterben ist ein Witz. Hier einer aus dem Frühjahr 1943: Ein Berliner und ein Essener unterhalten sich über das Ausmaß ihrer Schäden. Der Berliner führt aus, das Bombardement in Berlin sei so schlimm gewesen, dass noch fünf Stunden nach dem Angriff die Fensterscheiben aus den Häusern gefallen seien. «Das ist doch noch gar nichts», entgegnet der Essener. «Bei uns sind noch 14 Tage nach dem letzten Angriff die Führerbilder aus dem Fenster geflogen.» **6. Juni 1943** — Hitler schläft noch auf dem Obersalzberg, als die Invasion in der Normandie beginnt, niemand traut sich, ihn zu wecken. Er hat einen Albtraum: die Invasion in der Normandie.

«GOOD LUCK!»

— General Dwight D. Eisenhower

23. Juni 1943 — Nun beginnt er wohl, der sogenannte Untergang. Die Berichte der Sicherheitspolizei vermerken unter dem Stempel «Streng geheim!» das empörte Protestschreiben eines NSDAP-Mitglieds. Von 51 Personen, die er morgens mit «Heil Hitler» gegrüßt habe, hätten 49 mit «Guten Morgen» geantwortet. Gute Nacht, Deutsches Reich. **24. Juli 1943** — Wie jeden Abend um 21.57 Uhr schaltet der Soldat aus Hamburg «Radio Belgrad» ein und summt «Lili Marleen» mit, Lale Andersens Kriegsschlager: «Vor der Kaserne / Vor dem großen Tor / Stand eine Laterne / Und steht sie noch davor.» **25. Juli 1943** — Die Operation Gomorrha beginnt. Bald steht sie nicht mehr, die Laterne. Ebenso wenig wie 277330 Wohnungen, 580 Industriebetriebe, 2632 gewerbliche Betriebe, 24 Krankenhäuser, 277 Schulen und 58 Kirchen. Bomben auf Hamburg. Feuersturm. Und Lili Marleen ist nur noch Asche.

> **«Der HERR ließ Schwefel und Feuer**
> **regnen auf Sodom und Gomorrha**
> **und vernichtete die Städte und die ganze**
> **Gegend und alle Einwohner.»**
>
> — *1. Buch Mose 19,24*

27. Juli 1943 — Das «moral bombing» der Alliierten ist teils erfolgreich: Ein Fünfzentnersprengsatz bricht den Willen mehrerer Säuglinge. **31. Juli 1943** — Wieder Broccoli. Gestern Spargel, morgen vielleicht Nudeln. Nachher noch Früchte, exotisch. Wie in der Woche zuvor. Und in der Woche davor. Margot Woelk, Hitlers Vorkosterin seit zwei

Jahren, von SS-Männern gewaltsam gezwungen, sich den vermeintlichen Tod, für den Führer bestimmt, auf der Zunge zergehen zu lassen, führt die Gabel zum Mund. Broccoli mit Broccoli. Widerlich. Warum muss gerade dieses Schwein Vegetarier sein? **6. August 1943** — Der Krieg erreicht das erste deutsche Schlafzimmer. Eva Braun beklagt gegenüber Albert Speer, dass Hitler zu beschäftigt und erschöpft sei, um noch Sex mit ihr zu haben. Speer entwirft der zur Kompensation Kette rauchenden Braun daraufhin mit wenigen Federstrichen einen größeren Aschenbecher.

> **«Immer, wenn in meiner nächsten
> Umgebung ein Mitarbeiter ein
> Kind bekommt, wird E. sehr eifersüchtig.
> Musste wieder erklären, dass ich in
> meiner Stellung kein kleinbürgerliches
> Leben führen kann. Auch, dass ich dazu
> nicht geschaffen bin.»**
>
> — *aus den gefälschten Hitler-Tagebüchern von Konrad Kujau*

8. August 1943 — Den Verfassern der «Meldungen aus dem Reich» steht der kalte Schweiß auf der Stirn angesichts dessen, was die Informanten ihnen zutragen. Wenn das hier stimmt, dann ist das NS-Regime in seinen Grundfesten erschüttert: «Im Anschluss an Stalingrad war es noch möglich, die aufgewühlten Massen zu Entschlüssen hinzureißen, um das am Horizont erscheinende Unheil durch gesteigerte Tatkraft abzuwenden. Die Herzen waren neuer propagandistischer Beeinflussung wieder geöffnet. Seit aber der Luftkrieg die städtische Bevölkerung unmittelbar mit dem Untergang bedroht, erwacht in jedem Einzelnen ein bisher nicht bekanntes Bedürfnis zu selbständigem Nachdenken.» **13. September 1943** — Am Abend in Auschwitz. Nach getaner Arbeit schenkt der SS-Offizier seiner Frau zur Aufmunterung eine neue Frisur. Sie ist noch ganz frisch. **11. November 1943** — Auschwitz, in der Morgendämmerung. «Warum gibt es Schlaf?», fragt in der Baracke der Neunjährige den Dreizehnjährigen. «Damit du aufwachst», sagt dieser, «und denken kannst, du hättest den Tod überlebt.» **15. Dezember 1943** — Zweiter, achter, zwölfter Weltkrieg – verdammt, wer zählt noch mit? «Ich!», ruft einer. «Es ist mein letzter!»

22. März 1944 — Es ist ganz still im Schlafsaal, als der Bettnässer hochschreckt. Wieder hat er alles vollgepisst. Er beginnt, leise zu weinen. Denn er weiß – lang genug ist er schon Schüler im Napola bei Loben, Oberschlesien –, was sie hier mit Bettnässern machen. Am kommenden Abend, beim Appell. Zu oft hat er schon dort gestanden, vor den Kameraden, vornübergebeugt, das nackte Gesäß herausgestreckt. Der Bettnässer pisst sich gleich noch einmal ein, diesmal aus Angst. Pisst und pisst. Und denkt dabei an die Eltern zu Hause, die so stolz sind auf ihren Jungen, Teil der neuen Elite eines neuen Deutschlands. **23. März 1944** — Italien. Was den Achsenmächten verwehrt bleibt, schafft die Natur. Auf dem «Pompeii Airfield» werden rund 80 B-25-Bomber der US Airforce durch Tephrafälle aus dem Vesuv zerstört, mehr als an jedem anderen Tag des Zweiten Weltkriegs. **21. Mai 1944** — Heute ist Hitler aber mal gar nicht gut drauf. Immer nur Obersalzberg! Er

würde ja gern mal den Grand Canyon sehen, die Niagara-
fälle, die Rocky Mountains. Geht aber nicht. «Verdammter
Krieg», denkt Hitler. «Verdammter Hitler.» **20. Juli 1944** —
Adolf Hitler lebt noch. **21. Juli 1944** — Claus Schenk Graf
von Stauffenberg lebt nicht mehr.

«HA, HA, DASS ICH NICHT LACHE!»

*— aus den gefälschten Hitler-Tagebüchern
von Konrad Kujau*

11. August 1944 — Die Dächer von Stettin sind aus Pappe.
Als die Bomben fallen, brennen sie wie Pappe. **24. August
1944** — Edward Seumiers, Second Sergeant der US Airforce, landet nach dem Abschuss seiner Boeing B17 auf
einem Feld zwischen Weißenborn und Tautenhain in
der Nähe von Hermsdorf in Thüringen. Der Polizist Karl
Senf nimmt Seumiers fest und erschießt ihn – einem Befehl folgend, den ihm niemand mehr erteilen muss – ein
Stück weiter den Weg hinauf neben einer Platane. Dass
der Weltgeist aber auch immer seinen Senf dazugeben

muss! **25. August 1944** — Paris. Was ist das? Ja, tatsächlich: Zum ersten Mal seit Beginn der Besatzungszeit läuten wieder die Glocken der Kathedrale von Notre-Dame.

**«Frère Jacques, Frère Jacques
Dormez-vous, dormez-vous?
Sonnez les matines, sonnez les matines!
Ding dang dong, ding dang dong.»**

12. September 1944 — Und nun zum Großdeutschlandtrend. 76 Prozent der Menschen, die im Sportpalast zugegen waren, bereuen, dass sie damals «Ja!» gerufen haben. **29. Oktober 1944** — Wernher von Braun wird nach dem Einsatz der von ihm konstruierten Flüssigkeitsrakete V2 an der Westfront mit dem «Ritterkreuz des Kriegsverdienstkreuzes mit Schwertern» ausgezeichnet. Hätte ihm seine Mutter doch damals bloß ein Fahrrad geschenkt! **3. November 1944** — Sich zusammenzureißen, dazu haben die Menschen dieser Tage mehr Anlass und Willen als in späteren Jahren. Allerdings werden sie auch bedeutend öfter auseinandergerissen. **15. November 1944** — «Davon geht die Welt nicht unter», singt Zarah Leander. Aber wer wird denn aufgeben? Sie geht schon noch unter, hochverehrte Frau Leander! **24. Dezember 1944** — Achtung: Die in den Programmzeitschriften angekündigte Sendung «Weihnachten bei den Hitlers» verschiebt sich auf unbestimmte Zeit.

30. Januar 1945 — Das Passagierschiff «Wilhelm Gustloff» wird vor der pommerschen Küste vom sowjetischen

U-Boot S-13 versenkt. 9343 Menschen ertrinken, nur 1239 können gerettet werden. Als zwei Matrosen des Torpedoboots «Löwe» einen kleinen Jungen aus dem Wasser ziehen wollen, können sie kaum fassen, wie schwer er ist. Erst als sie seinen Oberkörper an Bord gezerrt haben, sehen sie: Er krallt sich im Haar seiner toten Schwester fest. **4. Februar 1945** — Hören Sie das auch? Das Artilleriefeuer ist leiser geworden in der Nacht. Was ist passiert? Wurde der Angriff der Roten Armee zurückgeworfen? Gibt es doch noch eine Rettung? Als die Bewohner von Frankfurt/Oder aus dem Luftschutzbunker kommen, wird die Hoffnung jäh zerstört. Es sind nur 20 Zentimeter Neuschnee, die alle Geräusche dämmen. Alles, alles nimmt nun seinen Lauf. **14. Februar 1945** — Durch die Straßen Dresdens rennt ein Elefant, der im Bombenhagel aus dem Circus Sarrasani ausgebrochen ist. Er brennt. Muss denn tatsächlich erst ein Elefant brennen, damit unsereins begreift, wie die Hölle aussehen könnte? **2. März 1945** — «Monntgerrroch», das ist das Erste, was Hitler nach dem Aufwachen denkt. Ja, er denkt tatsächlich so, wie er spricht. Und dann auch noch Mundgeruch.

«Eva sagt, ich habe Mundgeruch.»

— aus den gefälschten Hitler-Tagebüchern
von Konrad Kujau

8. März 1945 — Und nun zum Großdeutschlandtrend. 89 Prozent der Menschen, die im Sportpalast zugegen waren, bereuen, dass sie damals «Ja!» gerufen haben.

23. März 1945 — Verdammt, das Zittern will einfach nicht aufhören. Das Einzige, was der Soldat heute trifft, ist sein eigener Kopf. **28. März 1945** — Kurz bevor sie aufgelöst werden, weil sie nur noch schlechte Nachrichten überbringen, gehen den Spitzeln der «Meldungen aus dem Reich» sogar die eigenen Informanten von der Hakenkreuzfahne. Am Ende fallen alle Anstrengungen der vergangenen Jahre zu einem einzigen Satz zusammen: «Man soll uns nicht immer sagen, dass wir den Krieg gewinnen werden, weil wir ihn gewinnen müssen, sondern man soll einmal aufzeigen, wie ihn die anderen noch verlieren können.» **28. April 1945** — Im Bunker, unterm Sofa, träumt Blondi, Hitlers Schäferhündin, von Knochen, so weit das Auge blickt, und hat keine Ahnung, wie nah sie ihrem Traum ist.

> **«An den Bildern von damals sieht man,**
> **dass Hitler diesen Hund zu wenig**
> **kennt, er hat keinen Kontakt zu ihm.»**
>
> *— Professor Peter Wippermann in einem*
> *ARD-Interview über Schäferhunde*

30. April 1945 — «Aus dem Führerhauptquartier wird gemeldet, dass unser Führer Adolf Hitler heute Nachmittag in seinem Befehlsstand in der Reichskanzlei, bis zum letzten Atemzuge gegen den Bolschewismus kämpfend, für Deutschland gefallen ist.» Und nun die Lottozahlen. **1. Mai 1945** — Alle Angaben sind wie immer ohne Gewähr. **2. Mai 1945** — Wernher von Braun stellt sich zusammen mit einigen Wissenschaftlern aus seinem Team den US-Streitkräften. Nun wünscht auch er sich, er hätte damals ein Fahrrad bekommen. **8. Mai 1945** — Zumindest in Europa: Ende der Vorstellung. Der Vorhang ist gefallen. Genau wie der Rudi bei Paris, der Wilhelm in Stalingrad, der Juri in Polen. Wie 26 173 453 andere Soldaten. Wer noch steht, verzichtet auf Ovationen. **9. Mai 1945** — Alle Angaben sind nun auch ohne Gewehr. **16. Juli 1945** — Um 5.29 Uhr explodiert in der Wüste von New Mexico die erste Atombombe. Ihr Name: «The Gadget» – «technische Spielerei».

«It worked.»

— Robert Oppenheimer, Vater der Atombombe

2. August 1945 — Trotz der Beschlüsse der Konferenz von Potsdam wird sich die Bezeichnung «Kaliningrader Klopse» nicht durchsetzen. **6. August 1945** — Hiroshima. Da die Amerikaner die Atombombe nun mal erfunden haben, benutzen sie sie auch.

«MY GOD, WHAT HAVE WE DONE?»

— Eintrag des Kopiloten Robert A. Lewis
ins Logbuch der «Enola Gay»

7. August 1945 — Und als wäre das alles nicht schon schlimm genug, landet die Pop-Sängerin Sandra mit «Hiroshima» 45 Jahre später einen weltweiten Hit. **9. August 1945** — Nagasaki. Die Amerikaner liefern ihr zweites I-Don't-Care-Paket.

«To Hirohito, with love and kisses»

—Aufschrift auf der Bombe «Fat Man»

11. August 1945 — Im luxemburgischen Badeort Mondorf-Les-Bains richten die Alliierten ein Internierungslager für Nazi-Größen ein. In Hermann Görings Gepäck befinden sich sieben Uhren, zahllose Ringe, Broschen und Orden, 81 268 Reichsmark, 20 000 Paracodin-Tabletten. Und drei Ampullen Zyankali, das Picknick des Kriegsverbrechers. **30. August 1945** — Das Saarland wird von der Besatzungszone abgelöst. Es ist zu diesem Zeitpunkt in etwa so groß wie das Saarland. **2. September 1945** — Der Krieg ist nun auch in Asien vorüber. Und wie ein Dieb, dessen Sohn zum Mörder geworden war, schaut der Teufel auf die Welt. **20. September 1945** — Viereinhalb Monate nach dem Zusammenbruch des Dritten Reichs werden die Nürnberger Gesetze von den Alliierten außer Kraft gesetzt. **11. November 1945** — Jeder vierte Deutsche vermisst einen oder mehrere Angehörige. Jeder fünfte Deutsche vermisst Adolf Hitler.

«SEID IHR ÜBERHAUPT SICHER, DASS DER KRIEG VORBEI IST?»

— *Jonathan Littell, «Die Wohlgesinnten»*

1. Januar 1946 — Johann Reichhart, Spross einer bayerischen Abdecker- und Scharfrichtersippe, deren Wurzeln sich bis in die Mitte des 18. Jahrhunderts zurückverfolgen lassen, Henker von bisher 3000 zum Tode Verurteilten, letzter Mensch, den Hans und Sophie Scholl zu Gesicht bekommen haben, wird von der US-Militärregierung weiterbeschäftigt. Es geht eben nichts über Fachleute. **11. Januar 1946** — Keine Angst: Der Iwan kommt nicht mehr. Die Ingrid kommt, aus Schlesien. **17. Januar 1946** — Dr. Walter Freeman – Sie erinnern sich, der Neurologe, der Rosemary Kennedy deaktiviert hat – revolutioniert die Technik der Lobotomie. Das Einführen des Leukotoms erfolgt nun nicht mehr durch vorgebohrte Löcher in der Schädeldecke, sondern durch die Augenhöhle. Fortan werden eispickelartige

Instrumente einfach am Augapfel vorbei durch den dünnen Knochen direkt in den Frontallappen getrieben. Der ganze Eingriff, der praktisch überall durchgeführt werden kann, dauert kaum noch zehn Minuten, eine Betäubung ist nicht mehr notwendig. Die Zahl der Lobotomien steigt sprunghaft an. God bless America. **21. Januar 1946** — Auf die Frage des US-Kommodores Ben Wyatt, ob die Bikinianer ihre Inseln für das «Wohl der ganzen Menschheit» aufgeben würden, damit die USA dort ihre Kernwaffentests durchführen können, antwortet ihr Führer Juda: «Men Otemjej Rej Ilo Bein Anij» – «Alles liegt in Gottes Händen». In acht Jahren, nach zwei Testreihen, wird das Atoll unbewohnbar sein.

> **«As soon as the war ended, we located the one spot on earth that hadn't been touched by the war and blew it to hell.»**
>
> — Bob Hope

2. März 1946 — Statt «Heil Hitler» zu brüllen, singen sie nun «Heile, heile Gänsje». Besser für die Nerven. Besser für die Welt. **3. April 1946** — In einem Faltbild, das ihm der Gefängnispsychologe Gustave Gilbert im Rahmen eines Rorschachtests vorlegt, glaubt Hermann Göring große Kunst zu erkennen und versucht umgehend, sie zu rauben. **11. April 1946** — In Cuxhaven fummelt ein Achtjähriger an seinem Penis herum. Er hat ja sonst nichts zum Spielen. **3. Mai 1946** — Texas. Der geständige Mörder Willie Francis überlebt eine Hinrichtung auf einem elektrischen Stuhl namens «Grausame Gertie». Nachdem sein Körper für eine Minute unter einer Spannung von 2300 Volt gestanden hat, ruft er zum Erstaunen seiner Henker: «Nehmt mir die Kapuze ab! Lasst mich atmen!» **10. Juli 1946** — Der Molotowcocktail, in einigen kremlnahen Lokalen auch einfach nur «Der Außenminister» genannt, ist der Drink dieses Sommers. Unser Tipp: Nehmen Sie dazu etwas Eis, auf das Sie in naher Zukunft auch Ihre diplomatischen Beziehungen legen können. Na Sdorowje! **2. Oktober 1946** — Nein, all die Elenden! Der Krieg hat sie ausgespuckt wie die Eule das Gewölle. Und niemand von ihnen ahnt, dass sie in sechzig Jahren von Guido Knopp vor einen Blue Screen gesetzt werden und dreißig Sekunden Zeit haben, von alldem zu erzählen.

«Ten men in 103 minutes. That's fast work.»

— John C. Woods, Henker der in den Nürnberger Prozessen zum Tode verurteilten Hauptkriegsverbrecher – und Schüler Johann Reichharts

25. Februar 1947 — Al Capone stirbt in Palm Beach, Florida, an den Folgen der Syphilis. Er hat in seinem Leben drei Menschen eigenhändig getötet und den Mord an 500 bis 1000 weiteren veranlasst, man weiß es nicht so genau. Er wird auf dem Mount-Carmel-Friedhof in Hillside, Illinois, beigesetzt. Auf seinem Grabstein steht «Jesus My Mercy».

> «You can get much
> further with a
> kind word and a gun than
> you can with
> a kind word alone.»
>
> — *Al Capone*

11. März 1947 — Mitten in der Nacht in einem Motel in Phoenix beginnt Mike, der berühmte Hahn, der nach einem ziemlich missglückten Versuch, ihn zu schlachten, seit anderthalb Jahren ohne Kopf lebt und seinen Besitzern 50 000 Dollar im Monat als Zirkusattraktion einbringt, plötzlich zu würgen. Sie haben auf der Heimreise von einer Show vergessen, den Schleim aus seinem Hals abzusaugen, Mike erstickt. Seine Besitzer, nun ohne berufliche Perspektive, verlieren umgehend selbst den Kopf, können daraus aber keinen neuerlichen Profit schlagen. Nach ihnen kräht kein Hahn mehr. **12. April 1947** — Treffender, als es in einem zeitgenössischen Bericht über die Berliner Trümmerfrauen heißt, kann man es wohl nicht ausdrücken: «Wegen fehlender Baumaschinen gehen die Arbeiten nur schleppend voran.» **9. Mai 1947** — Nachdem er den Prozess zu der Frage, ob er nach dem missglückten Versuch am 3. Mai 1946 als bereits exekutiert zu gelten habe oder nicht, verloren hat, wird Willie Francis um 12.05 Uhr Ortszeit endgültig hingerichtet. Sein erstes Leben hat siebzehn Jahre gedauert, sein zweites nur eines. **13. Mai 1947** — Auf dem Schwarzmarkt versucht ein Mann sein Gewissen zu verkaufen. Es ist wie neu: Er hat es nie benutzt. **30. Juli 1947** — In Thal, Steiermark, bringt sich

Arnold Schwarzenegger selbst zur Welt und wird umgehend zum «Mister Kreißsaal» gekürt. **30. September 1947** — Cambridge. Der amerikanische Ingenieur Percy Spencer stellt den ersten Mikrowellenherd vor: Er ist zwei Meter hoch und wiegt 400 kg. Der Nudelauflauf, den Spencer zu Demonstrationszwecken erwärmt hat, wird erst nach stundenlanger Suche wiedergefunden. **2. Oktober 1947** — Ludwig Wittgenstein legt seine Professur an der Universität Cambridge nieder, um sich ganz seinem sprachanalytischen Spätwerk, den «Philosophischen Untersuchungen», widmen zu können. Außerdem hat er Angst vor der verstärkten Mikrowellenstrahlung an seinem Wohnort. **11. Oktober 1947** — Still ist es heute – wie ein Friedhof. **12. Oktober 1947** — Noch stiller ist es nun – wie ein kleiner Friedhof.

**«Zementmixer debatzebatzi!
Zementmixer debatzebatzi!
Zementmixer debatzebatz!
Schadadelabap: Dpfura, pfura, fära fei!»**

— *The 3 Travellers: Zementmixer*

3. November 1947 — Dem Krieg wird kalt. **20. November 1947** — Basel. Der Schriftsteller Wolfgang Borchert stirbt an einer wegen der Mangelernährung während des Krieges krankhaft vergrößerten Leber. «Ich wundere mich», sagt der Pathologe, «dass dieser Mensch hat so lange leben und arbeiten können.» Borchert wird 26 Jahre alt. **21. November 1947** — Wolfgang Borcherts Kriegsheimkehrerdrama «Draußen vor der Tür» wird in den Hamburger Kammerspielen uraufgeführt. Kurz bevor sich der Vorhang öffnet, erreicht die Mitwirkenden die Nachricht vom Tode des Autors. Regisseur Wolfgang Liebeneiner informiert das Publikum. Darunter auch Borcherts Eltern.

«WANN BIST DU EIGENTLICH LIEB, LIEBER GOTT?»

— *Wolfgang Borchert, «Draußen vor der Tür»*

30. Januar 1948 — Nathuram Godse schießt nach einer knappen Verbeugung aus kurzer Distanz. Drei Kugeln treffen den Körper Mahatma Gandhis. Dessen goldene Armbanduhr, sein wertvollster Besitz, zeigt 17.17 Uhr. Während er mit den Worten «Mein Gott!» fällt, bleibt die Zeit einfach stehen. **31. Januar 1948** — «Gandhi wird in die Geschichte eingehen. Auf einer Ebene mit Jesus Christus», sagt Lord Louis Mountbatten, der letzte britische Vizekönig in Indien. In London heilt derweil ein

Ärzteteam tatsächlich erstmals einen Blinden. **27. Februar 1948** — Die Entnazifizierung in der Ostzone gilt offiziell als abgeschlossen. Eine Einschätzung, die ab 1990 jedoch relativiert werden muss. **28. April 1948** — Fast drei Jahre nach Kriegsende erringt Winston Churchill auch seinen ganz persönlichen Sieg über Adolf Hitler: Er wird außerordentliches Mitglied der britischen Akademie. Aufgrund seiner Leistungen als Maler. **6. Mai 1948** — Hallo, Opa! Lange nicht gesehen. Deutschland zählt den 500 000. Kriegsheimkehrer in diesem Jahr.

> **«Wir sind die Eingeborenen**
> **von Trizonesien,**
> **Hei-di-tschimmela-tschimmela-**
> **tschimmela-tschimmela-bumm!**
> **Wir haben Mägdelein**
> **mit feurig wildem Wesien,**
> **Hei-di-tschimmela-tschimmela-**
> **tschimmela-tschimmela-bumm!**
> **Wir sind zwar keine Menschenfresser,**
> **doch wir küssen umso besser.**
> **Wir sind die Eingeborenen**
> **von Trizonesien,**
> **Hei-di-tschimmela-tschimmela-**
> **tschimmela-tschimmela-bumm!»**
>
> — *Karl Berbuer*

15. Mai 1948 — Am Tag nach der Gründung des Staates Israel bricht der Palästinakrieg aus. Im Hebräischen nennt man ihn «Milchemet haAtzma'ut» – «Unabhängigkeitskrieg». Im Arabischen «an-Nakba» – «Katastrophe». **28. Mai 1948** — Oban, Schottland. Unity Mitford, mutmaßliche Freundin Adolf Hitlers, erliegt den Folgen eines acht Jahre zurückliegenden Suizidversuchs. **20. Juni 1948** — Währungsreform in den drei westlichen Besatzungszonen. Die Zigarette, zuvor Zahlungsmittel Nummer 1, verfällt sofort im Wert. Es ist einer der glücklichsten Tage im Leben des jungen Helmut Schmidt. **25. Juni 1948** — Einen Tag nach Beginn der Blockade durch die Sowjets wird die Luftbrücke errichtet. 2 325 509,6 Tonnen Fracht werden in den kommenden 14 Monaten nach Berlin eingeflogen. Nicht mitgezählt sind die Schokoladentafeln, Kaugummis und Rosinen, die der amerikanische Pilot Gail Halvorsen kurz vor seinen Landungen an selbstgebastelten Taschentuchfallschirmen auf die wartenden Kinder herabsegeln lässt. Candy Bombs. Bomben, für die die Kinder aus den Trümmern kriechen. **9. September 1948** — «Ihr Völker der Welt», ruft Berlins Oberbürgermeister Ernst Reuter vor dem Reichstag, «ihr Völker in Amerika, in England, in Frankreich, in Italien! Schaut auf diese Stadt!» Dass sie aber später mal alle herziehen und die Quadratmeterpreise kaputtmachen sollen, das hat er damit natürlich nicht gemeint.

28. Februar 1949 — Der erste Nachkriegskarneval in Köln. Die meisten haben sich als Mitläufer verkleidet. Nicht gerne gesehen: das Charlie-Chaplin-Kostüm. **23. März 1949** — In «Love Happy», dem letzten Film der Marx Brothers, hat Marilyn Monroe ihre erste Sprechrolle. «Jemand verfolgt mich», sagt sie, als sie gehetzt einen

Raum betritt. Darauf Groucho Marx: «Das kann ich verstehen.» **23. Mai 1949** — Die Geschichte der Bundesrepublik Deutschland beginnt. Und das alles soll Sandra Maischberger, die Trümmerfrau der ARD, eines Tages mal wegmoderieren? Und für jedes Jahr einen anderen Blazer finden? Die arme Frau! Hören Sie dazu einen Kommentar von Ulrich Deppendorf vom Westdeutschen Rundfunk. **14. August 1949** — Die erste Bundestagswahl. Auch Deutschlands einzige Leuchtturmwärterin geht zur Urne. Und wir fragen uns: Läuft noch heute der erste Frachter aufs Grundgesetz? **10. September 1949** — Gestern gesoffen, so 'n Kopp: US-Außenminister George C. Marshall hat heute ausnahmsweise mal keinen Plan. **21. September 1949** — Bonn. Geschmacklos: Während seines Antrittsbesuchs beim Hohen Rat trägt Bundeskanzler Konrad Adenauer Derricks Trenchcoat! **7. Oktober 1949** — Gründung der DDR. Tag der Deutschen Zweiheit. **13. Oktober 1949** — Seltsam, wie diese Männer aussehen. Ganz anders als wir! Wie Don Camillo, wie Fritz Walter, wie Peter Lohmeyer. Wie der junge Opa im Familienalbum. Wie in «60 Jahre Deutschland» mit Sandra Maischberger. **3. November 1949** — Bonn. Bonn setzt sich gegen Frankfurt durch und wird Bundeshauptstadt. An der wiederaufgebauten Rheinbrücke kommt es bei einem spontanen Fest zu einer kuriosen Szene: Das «Brückenmännchen» wird so gedreht, dass es seinen Hintern nach Frankfurt zeigt. Erst jetzt ist Bonn auch Hauptstadt des deutschen Humors.

1. Januar 1950 — In internationaler Übereinkunft wird dieser Tag als Bezugsdatum für die in der Geologie benutzte Zeittafel festgelegt. «Before Present», kurz «BP», bezieht sich auf alles, was vorher war. Mit anderen Worten: Morgen beginnt die Zukunft. Wurde aber auch Zeit. **27. Januar 1950** — In Essen ist heute Ulrich Deppendorf zur Welt gekommen. Hören Sie dazu einen Kommentar von Ulrich Deppendorf vom Westdeutschen Rundfunk. **8. Februar 1950** — Schon wieder muss ein deutscher Staat seine Bevölkerung überwachen, weil ihr einfach nicht zu trauen ist. Die Volkskammer der DDR beschließt die Gründung des Ministeriums für Staatssicherheit. Die Spione sind andere, viele von ihnen kommen aus der Kälte des sowjetischen Exils, die Informanten, die Informellen Mitarbeiter, wie sie nun genannt werden, sind oft dieselben wie noch vor fünf Jahren. Es geht eben nichts über Fachleute. **13. Februar 1950** — Von wegen Wunder: 48 Stunden an sechs Tagen buckeln Oma und Opa Woche für Woche. Zur Belohnung gibt es Butter. Und samstags ein Bad. Erst Oma, dann Opa. **23. Februar 1950** — Der Weltgeist weiß auch nicht, was er will. Hexenjagd in Hollywood. Und zur selben Zeit nimmt in Großbritannien Margaret Thatcher zum ersten Mal an den Wahlen zum Unterhaus teil. **18. März 1950** — Konrad Adenauer vergleicht Kurt Schumacher mit Goebbels. **29. März 1950** — Die USA erleben die Hochphase des McCarthyismus, der Jagd auf echte und vermeintliche Kommunisten. Verleumdungen, Verhaftungen, Verhöre, Paranoia, Terror. Eine Karikatur der «Washington Post» zeigt einen Elefanten, das Symbol der republikanischen Partei, wie er vor einem wackligen Turm aus Schmutzkübeln zaudert: «Meint ihr wirklich, ich soll da oben drauf stehen?» Ja, sie meinen wirklich. Armer Elefant. Armes Amerika.

> «When the wind is right,
> a faint odor of
> kerosene is exhaled from
> Senator McCarthy.»
>
> — *Ray Bradbury,*
> *«Fahrenheit 451»*

18. Mai 1950 — Noch unbemerkt von der deutschen Öffentlichkeit, erfindet der erst achtjährige Frank Elstner im väterlichen Hobbykeller Thomas Gottschalk. **12. Juli 1950** — Die Führung der DDR kämpft an der Heimatfront gegen eine westliche Invasion. Die «Wochenschau» des Ostens spricht von «imperialistischen Schädlingen», von biologischen Kampfstoffen und deren gezieltem Einsatz gegen den Aufschwung der deutsch-demokratischen Wirtschaft. Die feindlichen Truppen, angeblich von US-Flugzeugen über dem Staatsgebiet abgeworfen, werden von Hundertschaften gejagt. Mit Erfolg: Kaum ein Kartoffelkäfer entkommt der harten Hand des Bauernstaates. **11. August 1950** — Schwerin. Schon bald nach der Einschulung muss ein kleiner Junge erkennen: Der Klassenfeind sitzt direkt neben ihm. **3. September 1950** — Ulbricht! Wo ist Wolfgang Pauli? **13. November 1950** — Zum letzten Mal verlässt Ludwig Wittgenstein, schwer an Prostatakrebs erkrankt, seine Denkhütte in Norwegen, die ihm über die Jahrzehnte als Wiege seines philosophischen Werks Verzweiflung, Befriedigung und Bewunderung gleichermaßen eingebracht hat. **16. November 1950** — Die Deutsche Frage: Wo liegt dieses Land? Die Allerdeutscheste Frage: Was gibt es heute zu essen?

18. Januar 1951 — Der Skandalfilm «Die Sünderin», in dem Hildegard Knefs Busen zu sehen ist, kommt in die Kinos. Beim kirchlichen Filmreferat bilden sich sofort mehrere Krisenstäbe. **2. Februar 1951** — Zur Abwechslung mal eine Meldung aus dem Bereich des Übersinnlichen: Bei Linz, Österreich, entdeckt ein Fünfzehnjähriger an sich die Fähigkeit, in die Vergangenheit zu blicken. **3. März 1951** — Acht Prozent Inflation. Das Einzige, was so mancher Vater für seine Kinder kaufen kann, ist eine Knute. **29. April 1951** — Weil es keinesfalls in einem Krankenhaus zu Ende gehen soll, stirbt Ludwig Wittgenstein im Alter von 62 Jahren im Haus seines Arztes in Cambridge. Seinen Freunden, die ihren Besuch für den nächsten Tag angekündigt haben, hinterlässt er eine Nachricht: «Sagen Sie Ihnen, ich hatte ein wunderbares Leben.» Ja, doch: Wittgenstein hätte man sein müssen. **4. Juli 1951** — Castrop. Gegen halb zwölf Uhr abends erlebt ein junger Mann ein Wirtschaftswunder: Plötzlich sieht er das Herrengedeck, das vor ihm steht, doppelt!

6. Januar 1952 — Guten Tag, meine sehr verehrten Damen und Herren, hier ist der Internationale Frühschoppen mit sechs Journalisten aus fünf Ländern. Unter dem Tresen lagert der Riesling, Zigaretten, Zigarillos und Pfeifentabak liegen griffbereit. So lässt sich das Weltgeschehen erörtern. Darauf einen Dujardin. **13. Januar 1952** — Mütterchen Russland und Väterchen Frost zeugen in einem Moskauer Stundenhotel Wladimir Putin. **1. Februar 1952** — Ein bereits 1949 entstandenes Aktfoto von Marylin Monroe erscheint als Kalenderblatt. Frage eines Journalisten: «Hatten Sie wirklich nichts an?»

Monroe: «Doch! Das Radio!» **25. März 1952** — Die West-Alliierten lehnen die Stalin-Noten ab. Herbert von Karajan hat sie für unspielbar erklärt. **31. März 1952** — Bonn. Niemand merkt, dass Konrad Adenauer sein Amt für einen Tag einer alten Indianer-Squaw überlässt, um mal in Ruhe ein Schläfchen zu halten. **11. April 1952** — Ein südkoreanischer Soldat erschießt einen nordkoreanischen Bauern, weil er ihn für einen Kommunisten hält. Dabei ist dieser der Partei nur deshalb beigetreten, weil sie ihm zu essen gibt. Seine Felder sind im Napalmfeuer, das die Amerikaner entfacht haben, verbrannt. Er fragt sich: Politik, was ist das? Antwort: seine Todesursache. **23. Mai 1952** — Paul Celan, der das Cernowitzer Ghetto und Zwangsarbeit überlebt hat, dessen Eltern in einem Konzentrationslager ums Leben gekommen sind, liest beim Jahrestreffen der Gruppe 47 aus seinem noch unveröffentlichten Gedicht «Die Todesfuge». Aber das sei ja «ein Singsang wie in der Synagoge», ruft Gastgeber Hans Werner Richter, der Celan nur widerstrebend eingeladen hat. «Der liest ja wie Goebbels», brüllt einer, «Schwar-ze Milch der Frü-he», skandieren andere im Chor. Celan schweigt, so sind die Regeln, der Vortragende darf sich zur Kritik nicht äußern. Seit sieben Jahren ist der Krieg nun vorbei, und für die Soldaten von damals, die Flakhelfer und SS-Männer, die Mitglieder der NSDAP ist alles schon ein Witz geworden. **3. Oktober 1952** — Chicago. Die Frage, wie das gehen soll, ein Ende der Rassendiskriminierung. Malcolm Little kauft ein X. Und möchte lösen. **26. Dezember 1952** — Hier ist das Erste Deutsche Fernsehen mit der Tagesschau. Opa möchte bitte nicht gestört werden.

2. Februar 1953 — Was man so zueinander sagt (Textbeispiel 1). A: «Und, wie geht's?» — B: «Muss. Und selbst?» — A: «Muss.» — B: «Muss ja immer.» — A: «Muss, muss.» **6. März 1953** — Jetzt weiß Stalin endlich mal, wie das ist: sterben. **12. März 1953** — Kann man im Bett fallen? In Rochester, New York, stirbt James Albert Hard, der letzte noch lebende Veteran des Amerikanischen Bürgerkriegs, im Alter von 110 Jahren. **1. April 1953** — «Ich weiß, dass ich 1945 fünfzehn war und 1953 achtzehn.» (Helmut Kohl) **29. Mai 1953** — Edmund Hillary betritt den Gipfel des Mount Everests und findet einen Schnuller von Reinhold Messner. **2. Juni 1953** — London. Elizabeth wird zur Königin Großbritanniens und Nordirlands gekrönt. Der sechzehnjährige Rolf Seelmann-Eggebert kommentiert, vor dem heimischen Fernsehgerät sitzend, die siebenstündige Zeremonie für den Kaffeeklatsch seiner Großmutter. Eine der alten Damen ist so begeistert, dass sie ihm zum Dank ihre Frisur überlässt. Er trägt sie fortan wie eine Krone. **11. Juni 1953** — Hurra: Eine Dreijährige kotzt auf der Fahrt zur Oma in den einmillionsten Käfer. **17. Juni 1953** — Nachdem die Staatsführung die Arbeitsnormen erhöht hat, kommt es in der DDR zu einem Volksaufstand. Daraufhin erhöht die Sowjetunion die Arbeitsnormen für Panzerfahrer. **18. Juni 1953** — Magdeburg. Am Rande einer Demonstration entwindet der Gärtner Ernst Jennrich einem Halbwüchsigen einen Karabiner und schießt zweimal in die Luft, um ihn zu entladen. Anschließend zerstört er die Waffe. **19. Juni 1953** — Ernst Jennrich wird verhaftet. Der Vorwurf: Boykott, Mordhetze, Mord. Nach einem fünfzehnminütigen Prozess wird das Todesurteil ergehen. Der Mann, der eine Waffe zerstört hat, muss sterben: die

Logik des 20. Jahrhunderts. **20. Juni 1953** — Weltgeist, wir wissen, wo dein Auto steht! **1. Juli 1953** — Angehörige der Volkssolidarität überreichen den sowjetischen Soldaten Geschenke zum Dank für das «Eingreifen am 17. Juni 1953, dem Tag der faschistischen Provokation».

«WÄRE ES DA NICHT DOCH EINFACHER, DIE REGIERUNG LÖSTE DAS VOLK AUF UND WÄHLTE EIN ANDERES?»

— Bertolt Brecht, «Die Lösung»

9. November 1953 — In der Kasseler Treppenstraße wird die erste Fußgängerzone Deutschlands eröffnet. Aufbruchstimmung in der «Wachturm»-Redaktion: Kann die Welt jetzt endlich untergehen? **12. November 1953** — Diese Kinder! Unweit von Plön erfindet eine Sechsjährige ganz allein, nur für sich selbst, die schlechte Laune. **27. November 1953** — Bundeskanzler Konrad Adenauer beginnt, sich selbst zu siezen. **19. Dezember 1953** — Immer mehr Menschen können die DDR nicht mehr von einem tschechischen Märchenfilm unterscheiden. Auch wir bekommen Probleme: Ist Walter Ulbricht König Drosselbart? Oder umgekehrt? Egal. Hauptsache, Planwirtschaft: Drei Nüsse vom Sachsendödel.

12. Februar 1954 — Marilyn Monroe tritt in Südkorea vor US-Soldaten auf. Trotz des schlechten Wetters trägt sie ein leichtes Abendkleid. Sie erkrankt an einer Lungenentzündung.

> **«I wanna be loved by you**
> **Just you and nobody else but you**
> **I wanna be loved by you**
> **paah-deeedle-eedeedle-eedeedle-eedum,**
> **poo pooo beee dooo!»**
>
> — *Marilyn Monroe, «I wanna be loved by you»*

26. Februar 1954 — Einen der erfreulichsten und zugleich unwichtigsten Sätze des Jahrhunderts haben wir dem Eiskunstlauf zu verdanken: «In Oslo gewinnt Gundi Busch aus Garmisch-Partenkirchen als erste Deutsche den Titel in der Damenkonkurrenz.» **20. März 1954** — Dresden. Ernst Jennrich wird um 4 Uhr mit der Fallschwertmaschine hingerichtet. Todesursache laut Totenschein: «Akute Kreislaufinsuffizienz». **11. April 1954** — Aus Wut über den Diebstahl seines Fahrrades beginnt der 12-jährige Cassius Clay mit dem Boxtraining. Dass es sich bei dem Dieb um Wernher von Braun handelt, können wir nur behaupten, aber leider nicht beweisen. **4. Mai 1954** — Erster internationaler Tag des Selbstgesprächs. **25. Mai 1954** — Thai-Binh, Französisch-Indochina. Der Kriegsfotograf Robert Capa ruft den Soldaten, die er begleitet, noch zu: «Ich vertrete mir mal die Beine. Sagt mir, wenn es weitergeht.» Nach ein paar Schritten tritt er auf eine Landmine und stirbt. **20. Juni 1954** — 3:8. **4. Juli 1954** — 3:2. **26. Oktober 1954** — «Ganz Paris träumt von der Liebe», singt Caterina Valente. Ganz Paris? Nein: Ein junger Soldat aus dem 7. Arrondissement träumt vom Krieg in Algerien. Noch fünf Mal schlafen.

3. Februar 1955 — Unweit von Plön erfindet eine Siebenjährige ganz allein, nur für sich selbst, die grundlos schlechte Laune. **18. April 1955** — Relativ traurig: Albert Einstein ist tot. **24. Mai 1955** — Die maximale Lebenserwartung von 20 Jahren vorausgesetzt, müsste jetzt auch Schrödingers Katze vollkommen tot sein. Sei's drum. Das Mistvieh hat uns wirklich genug Kopfzerbrechen bereitet. **11. August 1955** — An der amerikanischen Eliteuniversität Harvard findet erstmals der Ball der einsamen Hirne statt. **17. August 1955** — James Dean nimmt für das «National Safety Council» einen Fernsehspot zum Thema

Verkehrssicherheit auf. «Fahrt vorsichtig!», sagt er darin abschließend. «Vielleicht bin ich es, dem ihr damit eines Tages das Leben rettet.» **19. August 1955** — Fünf Jahre Wirtschaftswunder. Liebe Leser, darauf einen Toast Hawaii! **10. September 1955** — Während seiner Moskau-Reise, die die Rückführung der letzten 10 000 Kriegsgefangenen zum Ziel hat, besucht Konrad Adenauer gemeinsam mit Nikita Chruschtschow im Bolschoitheater eine Aufführung von Prokofjews Ballett «Romeo und Julia». Shakespeares Geschichte der verfeindeten Familien scheint die perfekte Parabel auf den Ost-West-Konflikt zu sein. Und Adenauer nutzt die Schlussszene, in der sich die Familienoberhäupter versöhnen, für eine Friedensgeste: Er nimmt die Hände Chruschtschows in seine, schüttelt sie, will sie gar nicht mehr loslassen. Tosender Beifall. Verbeugung. Dann senkt sich der Eiserne Vorhang wieder über die Protagonisten. **30. September 1955** — Noch mal zum Thema Verkehrssicherheit: James Dean stirbt bei einem Autounfall. **24. Dezember 1955** — Erst die Hälfte der fünfziger Jahre ist rum, und doch verhält es sich mit Adenauer und Erhard schon wie an den Weihnachtsfeiertagen mit der angereisten Verwandtschaft: Sie gehen uns auf den Sack. Onkel Konrad, weil er uns ständig in Uniformen stecken und mit zum Schießstand schleppen will. Und Onkel Ludwig, weil er, umhüllt von beißendem Zigarrenqualm, unaufhörlich die Dia-Show vom letzten Italienurlaub zeigt. Ja, wir wissen, es war schön an der Adria. Aber es reicht jetzt. Wann kommt endlich der coole Onkel Willy, der schon Farbfernsehen hat und immer heimlich mit uns Schnaps säuft? Und zeigt er uns dann wieder das Foto von der süßen Stenotypistin?

1. Januar 1956 — Die Deutsche Bundesbahn schafft die erste Klasse ab, die zweite und dritte bleiben jedoch erhalten. Weniger Komfort für den gleichen Preis: Die Idee kam dem zwölfjährigen Hartmut Mehdorn beim Spielen mit seiner kaputten Holzeisenbahn. **13. Januar 1956** — Die letzten Kriegsgefangenen kehren heim und beten gemeinsam das Vaterunser. «…und vergib uns unsere Schuld.» Etwa zur selben Zeit werden die ersten Freiwilligen zur Musterung bestellt. **21. Februar 1956** — Fresswelle in Deutschland. In Kassel kann der erste Bürger ohne Zuhilfenahme eines Spiegels seinen Nacken sehen. **2. Mai 1956** — Günter Guillaume, Hauptmann der Stasi, geht in den Westen. Ein Entschluss gegen die Heimat und für die Karriere. Als Spion sieht er dort weit bessere Arbeits- und Aufstiegsmöglichkeiten. Aber auch das hat noch Zeit. In Frankfurt am Main eröffnet er erst mal einen Kaffeeladen. Selbstbedienung. Aufgedeckt wird ja erst später. **1. Oktober 1956** — Heute fällt Opas Stammtisch aus. Vor genau einem Jahr ist die Frau des Kneipenwirts gestorben und Todestag: Ruhetag. **23. Oktober 1956** — In Ungarn erheben sich die Menschen gegen die sowjetische Besatzungsmacht. Sie zerren das Stalindenkmal vom Sockel und wuchten es an Seilen durch die Straßen von Budapest. Eine Szene wie in «Gullivers Reisen». **25. Oktober 1956** — Erbschaftsstreit vor dem Amtsgericht Berchtesgaden. Es stehen sich gegenüber: die Hitlers und die Brauns. Elfeinhalb Jahre nach dem Selbstmord in der Reichskanzlei geht es plötzlich um Minuten, denn die Reihenfolge des Sterbens entscheidet darüber, wer wen beerbt und wessen Familie Anspruch auf den Nachlass und die Tantiemen aus «Mein Kampf» hat. Am Ende setzt sich Hitlers Schwester Paula durch, die

sich vorübergehend – wie sonst – Wolf nennt. Ihr Bruder hat zwei Minuten länger durchgehalten als Eva Braun. Nebeneffekt: Hitler ist nun offiziell tot. **27. Oktober 1956** — Was in Budapest geschieht, ist kein verdammtes Märchen. 3000 Liliputaner sterben, vom Menschenberg zermalmt wie lästige Fliegen. **18. Dezember 1956** — US-Präsident Dwight D. Eisenhower schlürft einen Cuba Libre. Derweil sitzt Fidel Castro, Befehlshabender Kommandant der Bewegung des 26. Juli, mit elf Kämpfern und sieben Gewehren in der Sierra Maestra und ruft: «Lasst uns diesen Krieg gewinnen!»

1. Januar 1957 — Weltuntergang, diesmal verkündet von einem gewissen Pastor Mirhan Ask. Wer immer das ist: Was wohl gestern Abend bei seinem Bleigießen herausgekommen ist? **2. Januar 1957** — In der Zigarettenindustrie wird erstmals die 40-Stunden-Woche und damit auch die 5-Tage-Woche in Deutschland eingeführt. Samstags gehört Vati mir. Leider stirbt er mit 47 an Lungenkrebs. **2. Mai 1957** — Peter Scholl-Latour kauft sich im Fachhandel einen Krisenherd. **10. Mai 1957** — Durch das Bundesarbeitsgericht wird die Zölibatsklausel aufgehoben, die es Lehrerinnen verbietet zu heiraten. Noch am selben Tag halten Tausende Grundschüler um die Hand ihrer Klassenlehrerin an. Es kommt zu dramatischen Szenen. **2. September 1957** — Drei Jahre nach dem offiziellen Ende der Rassentrennung in den USA lässt Orval Faubus, Bürgermeister von Little Rock, Arkansas, die Nationalgarde aufmarschieren, um neun sechzehnjährigen afroamerikanischen Schülern den Zutritt zur örtlichen High School zu verwehren. Er schlägt sich damit auf die Seite der wütenden weißen Demonstranten, die gegen die Aufnahme der Jugendlichen protestieren. Argument auf den mitgeführten Plakaten: «Rassenmischung ist Kommunismus». In Maryland erwacht der jüngst verstorbene Senator Joseph McCarthy für einige Sekunden in seinem Grab, weil er glaubt, jemand habe seinen Namen gerufen. **24. September 1957** — Nur unter dem Schutz von Luftlandetruppen, deren Entsendung Präsident Eisenhower persönlich angeordnet hat, können die Little Rock Nine, wie sie nun genannt werden, am Unterricht der Central High teilnehmen, sind innerhalb des Schulgeländes aber auf sich selbst gestellt. Mein erster Schultag: für sie eine weniger schöne Erinnerung. **4. Oktober 1957** — Der Sputnik-Schock. US-Präsident Dwight D. Eisenhower würde seine Wissenschaftler am liebsten zum Mond schießen. **3. November 1957** — Die Hündin Laika stirbt im Erdorbit an Überhitzung und Stress. Ihr letztes Wort ist «Miau».

17. Februar 1958 — Wernher von Braun erscheint mit der Bezeichnung «Missileman» auf dem Titelbild des «TIME Magazine». Er selbst kauft sich lieber eine Fahrradzeitschrift. **13. März 1958** — Schnipp, schnipp, schnapp: Ein australischer Urologe erfindet die Bee Gees. **12. April 1958** — Das bisschen Haushalt macht sich von allein, sagt mein Mann: In Aschaffenburg schneidet sich eine Hausfrau beim Kartoffelschälen ins Herz. **25. Mai 1958** — Dreizehn Jahre nach dem Krieg haben die Deutschen endlich wieder eine neue Lieblingsbeschäftigung: Hula-Hoop.

31. Januar 1959 — Fidel Castro hat den Krieg tatsächlich gewonnen. Dwight D. Eisenhower steigt auf Bloody Mary um.

«Es ist große Unordnung unter dem Himmel. Die Lage ist ausgezeichnet.»

— *Mao Tse-tung*

3. Februar 1959 — In der Nähe von Mason City, USA, stürzt ein Flugzeug ab. Die verstreuten Habseligkeiten der Insassen, darunter die Brille des Rock-'n'-Roll-Sängers Buddy Holly, werden von der Bundespolizei sichergestellt. Wenn sie ihm tatsächlich kurz vor seinem Tod aus dem Gesicht geflogen ist, immerhin ein kleiner Trost: Buddy konnte doch kein Blut sehen! **17. März 1959** — Der Dalai Lama flieht vor den chinesischen Invasoren aus Tibet – und ahnt noch nicht, was auf ihn zukommt. In 49 Jahren wird die sogenannte Schauspielerin Veronica Ferres nach einem Treffen mit ihm frohlocken: «Das Schönste war, als er meine Backe streichelte!» **4. April 1959** — Diese Meldung passt in jede Parklücke: Der Mini kommt auf den Markt. **30. April 1959** — Auf den Tag genau zehn Jahre, zwei Monate, drei Wochen und einen Tag vor der Mondlandung schaut ein Mann gen Himmel. Zufall? **1. Juli 1959** — Sehr geehrte Damen und Herren, liebe Neger! Heinrich Lübke ist soeben zum neuen Bundespräsidenten gewählt worden. **29. Oktober 1959** — «Asterix der Gallier» erscheint erstmals in der Zeitschrift «Pilote». Gewöhnen Sie sich also besser schon mal dran, dass bald sogar Schulhofschläger lateinische Sprichwörter im Repertoire haben. **30. Oktober 1959** — Beati pauperes spiritu.

11. Februar 1960 — John F. Kennedy nimmt wie jeden Tag fünf heiße Bäder, um sein Rückenleiden zu lindern. Erfolgreich. Es ist kein Hexenschuss, der ihn umbringen wird. **1. März 1960** — Die ganze Nacht schon geht auf einem Krankenhausflur im bulgarischen Sofia der traurigste Mensch, der jemals gelebt hat, auf und ab. **11. Mai 1960** — Buenos Aires. Adolf Eichmann, zentral mitverantwortlich für die Ermordung von sechs Millionen Juden, wird von Mossad-Agenten entführt und nach Israel gebracht, wo ihm der Prozess gemacht wird. Er beharrt bis zum Schluss darauf, dass er im juristischen Sinne unschuldig sei – er habe nur auf Befehl von Vorgesetzten gehandelt. Er wird zum Tode durch Erhängen verurteilt.

> **«Im Eichmann-Prozess**
> **konnte jeder sehen, dass dieser**
> **Mann kein ‹Ungeheuer›**
> **war, aber es war in**
> **der Tat sehr schwierig, sich**
> **des Verdachts zu erwehren,**
> **dass man es mit einem**
> **Hanswurst zu tun hatte.»**
> — *Hannah Arendt*

4. Juni 1960 — Heute ist Camus gestorben. Vielleicht auch gestern, ich weiß nicht. **19. Juni 1960** — Erfindung der Sonntagsdepression. **13. August 1960** — Ein großer Moment der TV-Geschichte: In der von Groucho Marx moderierten Quizshow «You Bet Your Life» gewinnt der Autor William Peter Blatty 10 000 Dollar. Das Geld nutzt er, um seinen Roman «The Exorcist» zu schreiben.

**Regan: «What an excellent day
for an exorcism.»
Karras: «You'd like that?»
Regan: «Intensely.»
Karras: «But wouldn't that drive
you out of Regan?»
Regan: «It would bring us together.»
Karras: «You and Regan?»
Regan: «You and us.»**

— *William Peter Blatty,*
«The Exorcist»

20. September 1960 — Cassius Clay, Olympiasieger mit gerade 18 Jahren, tritt durch die Tür eines Diners in Louisville. Er bestellt. Die Antwort kriecht über den Tresen: «We don't serve niggers here.» – «It's okay», sagt Clay. «I don't eat 'em, either. I just take a cheeseburger.» **26. September 1960** — Wahlkampf in den USA. John F. Kennedy, Senator von Massachusetts, fordert im ersten Fernsehduell der Geschichte den Vizepräsidenten Richard Nixon heraus. Eigentlich eine Formsache für Nixon – er ist gut vorbereitet, abgezockt, verschlagen, berechnend. Doch es sind an diesem Tag nicht die Worte, die über Sieg und Niederlage entscheiden. Es sind die Bilder. Nixon wirkt fahl, untergewichtig nach einer erst kürzlich überstandenen Krankheit. Er schwitzt. Kennedy hingegen, jung, katholisch, schön, er strahlt. Während all jene, die das Duell am Radio verfolgen, Nixon für den sicheren Sieger halten, verlieben sich die Fernsehzuschauer in Kennedy. In 88 Prozent der amerikanischen Haushalte steht ein TV-Gerät. **8. November**

1960 — John F. Kennedy wird der erste Fernsehpräsident der USA. Richard Nixon das Radiogesicht des Jahres.

«It was the TV more than anything else that turned the tide.»

— *John F. Kennedy*

6. Dezember 1960 — Die US-amerikanischen Kryptologen William Hamilton Martin und Bernon F. Mitchell, bisher in Diensten der Nationalen Sicherheitsbehörde NSA, setzen sich in die Sowjetunion ab und erklären dort öffentlich, dass die Vereinigten Staaten die geheime Kommunikation von mehr als 40 Ländern mitläsen, eingeschlossen die ihrer eigenen Alliierten. In einem internen Papier der NSA heißt es später: «Ohne Zweifel hat kein anderes Ereignis unserem Sicherheitsprogramm einen solchen Schlag versetzt und wird es auch in Zukunft nicht tun.» Wer kann zu diesem Zeitpunkt schon ahnen, dass die Zukunft sich noch derart lang hinziehen wird?

«The NSA has built an infrastructure that allows it to intercept almost everything.»

— *Edward Snowden*

31. Dezember 1960 — Nachdenkliches am 31. Dezember 1960: Ein Jahr, das zurückliegt, ist kürzer als ein Tag, der niemals kommen wird.

20. Januar 1961 — Amtseinführung John F. Kennedys in Washington. Wie weit entfernt die Welt an diesem Tag von einem schwarzen Präsidenten ist, verdeutlicht ganz beiläufig der deutsche Nachrichtenkommentar: «Wie schon bei der Inauguration Präsident Eisenhowers so singt auch heute die weltberühmte Negersängerin Marion Anderson die Nationalhymne.» **12. April 1961** — Der sowjetische Kosmonaut Juri Gagarin ist der erste Mensch im Weltall. Mit dem Raumschiff «Wostok 1» umrundet er in 106 Minuten den Erdball. Im Gepäck hat er eine Pistole. Man weiß ja nie.

> **«Ich bin in den Weltraum geflogen,**
> **aber Gott habe ich dort nicht gesehen.»**
> — *Juri Gagarin*

25. Mai 1961 — Weil er jetzt ja auch mal irgendwas zum Thema sagen muss, verkündet US-Präsident John F. Kennedy den Flug zum Mond innerhalb dieses Jahrzehnts als Ziel. Wernher von Braun wäre eine ausgedehnte Fahrradtour wesentlich lieber. **1. Juni 1961** — In Deutschland wird die Pille eingeführt. Kann sie endlich Schlimmeres verhüten? **15. Juni 1961** — «Niemand hat die Absicht, eine Mauer zu errichten», sagt Walter Ulbricht. Und es ist doch allemal erstaunlich, dass er sich selbst als «Niemand» bezeichnet. **15. August 1961** — Berlin. Der 19-jährige Conrad Schumann bricht zum Shooting auf: Er wird heute dem Agenturfotografen Peter Leibing für sein Werk «Sprung in die Freiheit» Modell stehen. **21. September 1961** — Der siebzehnjährige Michael Gartenschläger wird, nachdem er gemeinsam mit fünf Freunden gegen den Mauerbau protestiert hat, vom Bezirksgericht Frankfurt/Oder wegen «staatsgefährdender Propaganda» zu einer lebenslangen Zuchthausstrafe verurteilt. **13. Dezember 1961** — «Es wäre doch sehr tröstlich», denkt am frühen Abend in der Nähe von Sundsvall, Schweden, ein sehr alter Mann bei sich, als ihm wie immer niemand einfallen will, mit dem er über jenes sagenhafte Früher sprechen könnte, «wenn sich die Tage an sich selbst erinnerten.» **24. Dezember 1961** — Nur noch ein Jahr schlafen, dann ist Weihnachten!

30. Januar 1962 — Im afrikanischen Tanganjika fangen drei Schulmädchen an zu lachen. **4. Februar 1962** — Diesmal ist es die Wahrsagerin Sybille von Prag, die den Weltuntergang prophezeit hat. Als dieser nicht eintritt, prophezeit sie, dass sie nie wieder etwas prophezeien wird. **11. Februar 1962** — Der war wohl gut: Im afrikanischen Tanganjika lachen drei Schulmädchen noch immer. **17. Februar 1962** — Hamburger Hochwasser. Gegen 18 Uhr gehen Helmut Schmidt, dem Senator der Polizeibehörde, die Zigaretten aus. Bis ein Laufbursche in einer Gaststätte neue besorgt hat, verlebt Schmidt die schlimmste Viertelstunde seines Lebens. **18. März 1962** — Die Schule der drei lachenden Mädchen von Tanganjika muss geschlossen werden: Sie haben 95 Kinder angesteckt. Die Anfälle dauern bis zu drei Stunden, begleitet von Schreien, Weinen und Gewaltausbrüchen. **2. April 1962** — Regen. In. Wuppertal. **29. Mai 1962** — Bei John F. Kennedys Geburtstagsfeier im Madison Square Garden bringt Marilyn Monroe dem US-Präsidenten ein Ständchen, das bei diesem allerdings als

Ständerchen ankommt. **30. Mai 1962** — Marilyn Monroe wird von den Fox-Studios, ihrem Arbeitgeber, gefeuert, weil sie zum Zeitpunkt ihres Auftritts im Madison Square Garden krankgeschrieben war. **10. Juni 1962** — In Tanganjika lachen noch immer 57 Schüler – und nun auch 202 im nahen Nshamba, 48 in Bukoba, mehr als 100 in Kanyangeraka. Bald sind es in der ganzen Region mehr als 1000, die sich fast totlachen. Lehrer sind nicht betroffen. Bezeichnend. **5. August 1962** — Sie brauchte doch nur einen Kranken-, jetzt hat sie einen Totenschein: Marilyn Monroe stirbt an den Folgen einer Medikamentenvergiftung. Was machen die Fox-Studios jetzt? **17. August 1962** — Berlin, Zimmerstraße. Der 18-jährige Peter Fechter wird beim Versuch, die Mauer zu überwinden, angeschossen und fällt zurück auf Ost-Berliner Gebiet. Niemand hilft ihm, er verblutet schreiend. Ein Mahnmal für alles, wozu Menschen fähig sind. Und wozu eben nicht.

«Lieutenant, you have your orders. Stand fast. Do nothing.»

— Generalmajor Albert Watson II, Kommandant des amerikanischen Sektors von Berlin, auf telefonische Nachfrage eines diensthabenden Leutnants, was nun zu tun sei

1. bis 30. September 1962 — Ach, unser Lieblingsmonat. «Septembi», wie wir ihn zärtlich nennen. **14. Oktober 1962** — Kuba. Strahlender Sonnenschein über der Provinz Pinar del Rio. Von Bord des Flugzeugs U2 aus macht die

CIA Fotos für die Daheimgebliebenen. **16. Oktober 1962** — US-Präsident John F. Kennedy sieht die Fotos. Bombenstimmung im Oval Office. **17. Oktober 1962** — Bis zu 32 Atomraketen stehen also auf Kuba, Reichweite 4500 Kilometer. Invasion, Luftangriff, Seeblockade – oder einfach nur abwarten? In Deckung gehen? Wie lässt sich der Untergang der Welt noch vermeiden? Wo ist Marilyn? Ist die Wanne schon voll? Eine Million Gedanken pro Minute. Ob sich John F. Kennedy wünscht, sein Vater hätte damals auch ihn einer Lobotomie unterziehen lassen? **18. Oktober 1962** — Und in Deutschland? Da führt das Lied «Vom Stadtpark die Laternen» von Gitte und Rex Gildo die Hitparade an. **20. Oktober 1962** — Am besten ist es wohl, liebe Leser, Sie buddeln sich erst mal im Vorgarten ein. Aber nehmen Sie bloß keinen «Spiegel» mit unter die Erde, das macht die Sache nicht besser.

> **«Die Bundeswehr hat heute – nach fast sieben Jahren deutscher Wiederbewaffnung und nach sechs Jahren Amtsführung ihres Oberbefehlshabers Strauß – noch immer die niedrigste Nato-Note: zur Abwehr bedingt geeignet.»**
>
> — *Conrad Ahlers im «Spiegel» 41/1962*

26. Oktober 1962 — Sowohl die USA als auch die UdSSR führen heute Atomtests durch. Die Generalprobe. Es soll ja nichts schiefgehen bei ihrem letzten großen Auftritt. **28. Oktober 1962** — Lösung auf geheimdiplomatischer Ebene: Die Raketen werden im letzten Moment abgezogen. Kennedy und Chruschtschow sitzen an ihren Schreibtischen und halten sich die verbrannten Finger ans Ohrläppchen. Wie Kinder. Die Welt, sie dreht sich offenbar weiter. Oder ist alles, was wir von nun an erleben werden, ein von Strahlung verursachter Fiebertraum? Ein Auszug: In 40 Jahren wird die sogenannte Schauspielerin Veronica Ferres Werbung für ein Energieunternehmen machen – und ein Strolch schreibt aufs Plakat: «Atombusen». **30. November 1962** — Die Nachricht des Tages: Strauß stolpert über Spiegel. Hört sich an wie eine neue, besonders putzige Episode einer miesen Tierdoku, ist aber die größte innenpolitische Krise der Bundesrepublik seit Jahren. Am Ende bleibt die Schlagzeile: Strauß tritt zurück. Schmerzhafter Alltag im Menschenzoo Bonn. **3. Dezember 1962** — John Steinbeck erhält den Literatur-Nobelpreis für sein Werk «Weintrauben der Wut». Oder so ähnlich.

1. Februar 1963 — Der Bodensee friert vollständig zu – die erste «Seegfrörne» seit 1880. «Jesus!», ruft einer, als er über das Wasser läuft. Aber das ist dann wohl doch ein bisschen hochgegriffen. **2. März 1963** — Als während einer Mordserie an Taxifahrern Forderungen nach Wiedereinführung der Todesstrafe laut werden, schließt sich der Henker Johann Reichhart ihnen an. Als seine bevorzugte Methode nennt er die Guillotine, so wie damals, bei Hans und Sophie Scholl.

**«Hier ist das
Zweite Deutsche Fernsehen.
Heute – Regierungsbildung
in Mainz mit Fragezeichen –
heute – Jubiläumssitzung in
Brüssel ohne Optimismus – heute –
Eierpreise bis Ostern stabil.
Guten Abend, meine
Damen und Herren.»**

— *Originalton der ersten Sendeminute des ZDF*

2. April 1963 — «Hast du gestern heute gesehen?» **3. Mai 1963** — Die Musikkassette kommt auf den Markt. Keine sonderlich aufregende Nachricht. Spulen wir schnell vor zum 16. Juni 1963. **16. Juni 1963** — Valentina Tereschkowa wird mit dem Raumschiff Wostok VI in den Weltraum geschossen. Bedenken gibt es keine. Platz zum Einparken hat sie da oben ja genug. **26. Juni 1963** — «Ish bin ein Bearleener.» (John F. Kennedy) **28. August 1963** — «I have a dream.» (Martin Luther King).

**«Seht, da kommt der Träumer!
Lasst uns ihn töten und
in eine Grube werfen und sagen,
ein böses Tier habe ihn
gefressen; so wird man sehen,
was seine Träume sind.»**

— *1. Buch Mose 37,19–20*

5. September 1963 — Ronald McDonald rennt durch seine ersten TV-Werbespots. Obwohl er aussieht, als hätte der Zauberer von Oz die Vogelscheuche und den Blechmann miteinander gekreuzt, wird er schnell zum bekanntesten Clown der USA. Und bleibt es bis zum Amtsantritt George W. Bushs. **15. September 1963** — Enlarge your Penis! Der Porsche 911 kommt auf den Markt.

> ### «Nach 6 Monaten Training könnte es mit viel Glück schon sein, dass ER 1,5 cm länger geworden ist.»
>
> — *aus: www.forum.penisdicke.de*

1. Oktober 1963 — Das geht zu weit! **2. Oktober 1963** — Das kehrt um. **22. November 1963** — In Dallas, Texas, säumen Cabrio-Fans die Straßen, um die letzte Fahrt eines US-Präsidenten in einem offenen Wagen mitzuerleben.

Liste der mutmaßlichen Kennedy-Mörder (unvollständig): Lee Harvey Oswald, Fidel Castro, der KGB, die CIA, das FBI, Lyndon B. Johnson, die Mafia, William Greer (der Fahrer des Cabrios), George Hickey (Kennedys Leibwächter – aus Versehen), Joe DiMaggio (aus Wut über Marilyn Monroes Tod), Jacqueline Kennedy (aus Eifersucht), drei Tramps, die sich an diesem Tag in Dallas herumtrieben, die NASA, Robert Kennedy, der Ku-Klux-Klan, patriotistische Öl-Tycoons, Richard Nixon, der südvietnamesische Präsident Ngo Dinh Diem, Außerirdische.

23. November 1963 — Gott sieht alles. Außer Dallas. **31. Dezember 1963** — Liebe Leser, 50 Jahre sind gespielt. Und damit herzlich willkommen zur Halbzeitanalyse mit Katrin Müller-Hohenstein und Oliver Kahn. «Oliver, wir haben die Bilder gesehen aus Stalingrad. Wie hält man so etwas aus?» – «Tjaaaaa, dieser Druuuck ...» Und damit zurück zu Béla Réthy.

7. Februar 1964 — Was man so zueinander sagt (Textbeispiel 2). A: «Ich bring mich um.» – B: «Hm?» – A: «Ach, nichts.» **25. Februar 1964** — Cassius Clay ist der König der Welt. Regiert aber wird sie weiterhin von Lyndon B. Johnson. **30. März 1964** — Wann ging das amerikanische TV-Quiz «Jeopardy», bei dem die Kandidaten die passende Frage zu einer vorgebenen Antwort stellen mussten, auf Sendung? **31. März 1964** — Zur Abwechslung mal wieder ein bisschen Musik. Hier die aktuellen Top 5 der US-Charts: 1. The Beatles: «Can't Buy Me Love» — 2. The Beatles: «Twist and Shout» — 3. The Beatles: «She Loves You» — 4. The Beatles: «I Want to Hold Your Hand» — 5. The Beatles: «Please Please Me» **1. April 1964** — Die Beatles auf Tournee durch die Staaten. Und wie fand die Band die USA, John Lennon? «Turned left at Greenland.»

«YEAH YEAH YEAH»

— The Beatles

«Je Je Je»

— Walter Ulbricht

30. April 1964 — Am Morgen auf dem Gehsteig: eine tote Hummel. Der Sommer kommt! **2. Mai 1964** — Kurze Umfrage: Die Mehrzahl der Amerikaner hat heute noch keine Ahnung, wo dieses Vietnam überhaupt liegt.

James Bond:
«Do you expect me to talk?»
Auric Goldfinger: «No, Mr. Bond,
I expect you to die!»

— aus «Goldfinger»

11. Juli 1964 — There is a house / in New Orleans / they call the Rising Sun. **12. Juli 1964** — There is a house / in Neu Otzenrath / they call the Raiffeisenbank. **30. September 1964** — Rainer Brüderle (19) wird Weinprinzessin von Landau in der Pfalz. **28. Oktober 1964** — Der französische Philosoph Jean-Paul Sartre lehnt den Nobelpreis mit den Worten ab: «Kein Mensch verdient, dafür geehrt zu werden, dass er lebt.»

1. Januar 1965 — Kanada führt die Ahorn-Flagge ein. Das Blatt hat nur elf Zacken statt 23 wie in der Natur, weil Windkanaltests ergeben haben, dass sie so bei Starkwind am besten aussieht. Selbst im Sturm der Entrüstung, den die kanadischen Naturkundelehrer daraufhin entfesseln.

2. März 1965 — Beginn der Dreharbeiten zu «Apocalypse Now», «Air America», «BAT-21 – Mitten im Feuer», «Birdy», «Der steinerne Garten», «Die grünen Teufel», «Die Kriegerin», «Die Verdammten des Krieges», «Dreckige Hunde», «Flug durch die Hölle», «Forrest Gump», «Full Metal Jacket», «Geboren am 4. Juli», «Good Morning, Vietnam», «Hail, Hero!», «Hamburger Hill», «Platoon», «Rescue Dawn», «Tigerland», «Wir waren Helden», «Zwischen Himmel und Hölle». **18. März 1965** — Der sowjetische Kosmonaut Alexei Archipowitsch Leonow macht als erster Mensch einen Weltraumspaziergang. Und das ist kein Spaziergang! — **17. April 1965** — Endlich mal wieder eine romantische Meldung: Bei einem Einkaufsbummel durch Bad Godesberg verliebt sich Hans-Dietrich Genscher unsterblich in einen gelben Pullunder. **2. Mai 1965** — Jetzt wissen es die Amerikaner endlich: Vietnam liegt unter einem Bombenteppich. **10. Oktober 1965** — Der kalifornische Schauspieler Ronald Reagan plant die Feiertage: «Es ist albern, darüber zu reden, wie lange wir im vietnamesischen Dschungel bleiben müssen. Wir könnten das ganze Land dem Erdboden gleichmachen und als Parkplatz markieren und wären trotzdem an Weihnachten zu Hause.» Und in Vietnam zünden seine Jungs schon mal die ersten Bäume an. **23. November 1965** — Im Kongo herrscht Kasavubu. **24. November 1965** — Kasavubu wird abgesetzt. **25. November 1965** — Im Kongo herrscht Tohuwabohu. **4. Dezember 1965** — Platz 1 der Deutschen Hitparade: Drafi Deutscher mit «Marmor, Stein und Eisen bricht». Weine nicht, wenn der Regen fällt. Aber so einfach ist das nicht. In Wuppertal jedenfalls findet sich keiner, der lachend «Dam, dam! Dam, dam!» grölt.

17. Januar 1966 — Über dem spanischen Dorf Palomares verliert ein amerikanischer B-52-Bomber bei einer Kollision mit einem Tankflugzeug vier Wasserstoffbomben. Da hatten die Fischer aber noch schön was zu gucken, bevor ihre Heimat bis in alle Ewigkeit verstrahlt wurde! So sind sie halt, die Amerikaner. Doll. **4. März 1966** — Die Beatles, sagt John Lennon, seien nun bekannter als Jesus. So lustig kann Hybris sein. Zum Schießen. **20. März 1966** — Langsam wird deutlich: Vietnam, das ist ein Krieg ohne Fronten. Peter Scholl-Latour ist genervt. Wo, zur Hölle, soll er nun sein Zelt aufschlagen? **14. April 1966** — Die Hölle, das sind die anderen. Dennoch kündigt der Vatikan die Abschaffung des «Index Librorum Prohibitorum» an, einer rund 1000 Werke umfassenden Liste verbotener Bücher, auf der zuletzt auch das Gesamtwerk Jean-Paul Sartres zu finden war. **30. April 1966** — New York. Im Quartier Hell's Kitchen in Manhattan wird die «Church of Satan» gegründet. Als Lesezirkel. **16. Juli 1966** — Mao Tse-tung schwimmt im Jangtse. **17. Juli 1966** — Aristoteles Onassis schwimmt im Geld.

«Achtung! Achtung! Nein! Nicht im Tor,
kein Tor! Oder doch? Jetzt, was
entscheidet der Linienrichter? Tor! Oh, das
ist bitter. Bachramow aus der UdSSR sagt,
dass der Ball nicht aus dem Tor von der
Unterkante zurückgesprungen ist, sondern
dass er hinten im Netz war. Torschütze Hurst.
3:2 für England durch Hurst.»

— *Rudi Michel*

23. August 1966 — Muhammad Ali wird zur Ikone der Antikriegsbewegung. Als er zum Dienst an der Waffe einberufen werden soll, sagt er in einem Interview mit der «New York Times»: «I ain't got no quarrel with them Vietcong. No Vietcong ever called me nigger.» Sein Gegner lauert von nun an zu Hause in den USA. Ali bekommt Morddrohungen. **3. Oktober 1966** — Che Guevara kauft sich ein Che-Guevara-T-Shirt.

1. Januar 1967 — West-Berlin. Ab heute kochen ein paar Studenten, Subversive und leidenschaftlich an sich selbst Interessierte ihr ganz eigenes Süppchen. In der neu gegründeten Kommune I ist Langhans Küchenmeister. **3. Januar 1967** — Der kalifornische Schauspieler Ronald Reagan wird mit 57 Prozent der Stimmen Gouverneur von Kalifornien. Der österreichische Bodybuilder Arnold Schwarzenegger wird mit einem Armumfang von 56 Zentimetern noch in diesem Jahr Mr. Universum. **19. April 1967** — Konrad Adenauers letzte Worte: «Do jit et nix ze krische.» Do laachs de disch kapott. **28. Mai 1967** — Nun hat auch der Vietcong Ali für sich entdeckt. Auf Flugblättern, im Dschungel verteilt, steht: «Black Soldiers, no Vietnamese ever called you nigger.» **31. Mai 1967** — Zwei Tage noch, dann kommt ein Perser nach Berlin. Und alles, was danach passiert, lässt sich nicht mehr unter den Teppich kehren. **2. Juni 1967** — Und hier unser Kulturtipp des Tages. Im Anschluss an die «Zauberflöte» wird es vor der Deutschen Oper eine Sondervorführung geben: Das Stück «Der Tod des Benno Ohnesorg» feiert Weltpremiere. Für Studenten ist der Eintritt frei. **5. Juni 1967** — Über Vietnam wird das 2000. Flugzeug der US Airforce abgeschossen. Der fällige Blumenstrauß wird auf die Gräber der Besatzung gelegt. **10. Juni 1967** — Was für eine Woche! Als der israelische Generalstabschef Jitzhak Rabin am Samstagabend endlich nach Hause kommt, ist der Sabbat schon wieder vorüber, aber die Arbeit der Woche noch immer nicht ganz getan. Er soll sich noch einen Namen ausdenken für diesen Krieg, den er seit Montagmorgen gegen Ägypten, Jordanien und Syrien geführt und in dessen Verlauf Israel die Sinai-Halbinsel, den Gazastreifen und das West-Jordanland erobert hat. Rabin grübelt und grübelt. Erlösungskrieg vielleicht? Aber wer weiß, was die nächste Woche bringt. Seine Frau Leah ruft, sie wartet mit dem Essen, da fällt sein Blick auf den Kalender. Was soll's, sagt er sich, nennen wir ihn halt «Sechstagekrieg». **11. Juni 1967** — Die Namen für den Sechstagekrieg im Arabischen lauten übrigens: «Juni-Krieg», «Der Rückschlag», «Das Desaster». **21. Juni 1967** — Der beste Witz des Sommers der Liebe: Warum hat Gott Patschuli erschaffen? Damit auch blinde Menschen Hippies hassen können! **9. Oktober 1967** — Das erste Lustige Taschenbuch erscheint. Die davor waren ja auch allzu ernst, zum Beispiel die von «rororo». Fallada! Schluck! Ächz! Keuch! **21. Oktober 1967** — Ob der Herbst noch weiß, wer er letzten Herbst war? **2. Dezember 1967** — Hohenschönhausen. An der Innenseite seiner Zellentür sieht der Häftling ein Schild hängen: «Bitte nicht stören!» **3. Dezember 1967** — In Südafrika wird zum ersten Mal ein menschliches Herz verpflanzt. Der Patient, Louis Washkansky, 55 Jahre alt, übersteht den Eingriff. Er stirbt jedoch 18 Tage später, vielleicht an einem Liebeskummer, der gar nicht sein eigener ist.

31. Januar 1968 — Saigon, Vietnam. Ein Hund sitzt neben einem toten Soldaten, der sein Herrchen war, und bedauert, dass man wahrscheinlich mehr von ihm erwartet, als jetzt einfach davonzulaufen. **1. Februar 1968** — «Exekution auf offener Straße, Mord vor laufender Kamera.» Den Text für die Szene hat Guido Knopp sofort parat, doch irgendwie geht alles zu schnell, zu unvermittelt, zu beiläufig. Hastig springt er aus dem Gebüsch und fragt General Nguyen Ngoc Loan, Polizeichef von Saigon, ob er den Vietcong Nguyen Van Lem nicht noch einmal erschießen könne. Doch der General hat anderes zu tun. Was soll's. Lässt Knopp das Sterben halt in Zeitlupe ablaufen. **4. Februar 1968** — Und Heino liegt vor Madagaskar. **7. Februar 1968** — Zur Presseschau. «Man darf auch nicht die ganze Dreckarbeit der Polizei und ihren Wasserwerfern überlassen», schreibt die «Bild»-Zeitung. In München steht der junge Hilfsarbeiter Josef Bachmann am Kiosk und nickt zustimmend. Ja, es muss etwas passieren. Wie es wohl wäre, mal selbst auf der ersten Seite zu stehen? **3. März 1968** — Olmütz, Tschechoslowakei. Ein Dreijähriger pinkelt alles, was er weiß, in den Schnee. **4. März 1968** — In Olmütz beginnt es zu tauen. **16. März 1968** — Auf dem Weg nach My Lai, Südvietnam, ist der Befehl unmissverständlich: «Auf alles schießen, was sich bewegt.» Im Morgengrauen beten einige Soldaten der 11. US-Brigade, dass wenigstens die Zeit stillstehen möge. **28. März 1968** — Er habe, heißt es über Robert F. Kennedy, das Zeug, in die Fußstapfen seines Bruders zu treten. Ein Kompliment oder eine Drohung? Vielleicht auch beides. **4. April 1968** — In Memphis, Tennessee, fällt Martin Luther King einem Attentat zum Opfer. Seine letzten Worte gelten einem Musiker, der auf einer Abendveranstaltung spielen soll: «Ben, make sure you play ‹Take My Hand, Precious Lord› in the meeting tonight. Play it real pretty.» Es ist 18.01 Uhr, als King stirbt. Take His Hand, Precious Lord. **8. April 1968** — In seinem Heimatort Peine kauft sich der junge Hilfsarbeiter Josef Bachmann noch eben Munition für seine Pistole. Der Verkäufer, Wolfgang Sachse, ein Mitglied der NPD, mit dem er zuvor bereits schießen geübt hat, sagt noch: «Hör auf mit dem Scheiß.» Aber Bachmann antwortet nur: «Lass mich mal machen.» **11. April 1968** — West-Berlin, Kurfürstendamm. Josef Bachmann macht mal und schießt dem Studentenführer Rudi Dutschke zwei Kugeln in den Kopf. Als Dank dafür, dass er ihr die «Dreckarbeit» abgenommen hat, wird Bachmann wenig später von der Polizei verhaftet. **19. April 1968** — Vietnam. Der Frühnebel hängt auch heute wieder zwischen den Palmen wie die Einladung zu einem Duell, dessen Voraussetzungen für die US-Streitkräfte beschissener nicht sein könnten. Als hätte einer mit Blut in den Morgen geschrieben: «Liebe Amerikaner, treffen uns später. Ort, Art und Dauer des Gefechts bestimmen wir. Herzlich, eure Nationale Befreiungsfront.» Und die Amerikaner sehen den Feind vor lauter Palmen nicht. **1. Mai 1968** — Wir wollen mit solchen Einschätzungen ja vorsichtig sein, gerade in diesem Jahrhundert, aber das ist nun wirklich die Hölle auf Erden: In Dänemark wird das erste Legoland eröffnet. O schmölze doch der allzu feste Stein. **5. Juni 1968** — Kurz nach Mitternacht betritt Robert F. Kennedy den Ballsaal des Ambassador-Hotels in Los Angeles, um dem Fotografen Harry Benson für das Bild «Erschossener Bruder eines erschossenen Präsidenten» Modell zu stehen. **15. August 1968** — Erwartungsfroh

steht Peter Scholl-Latour mit seinem neuen Brett am Me-
kong-Delta. Heute wird er ganz nah dran sein. Dann aber
Ernüchterung: Charlie don't surf. **21. August 1968** — Der
Prager Frühling ist zu Ende. Während sowjetische Panzer
durch die Tschechoslowakei rollen und die Knospen der
Revolution zerquetschen, sitzen die Beatles in den Abbey
Road Studios und nehmen ihren nächsten Hit auf: «Back
in the USSR». Refrain: «You don't know how lucky you
are, boy». Sagen wir es so: Der Hit für den Prager Sommer
ist das eher nicht. **2. September 1968** — Anlässlich seines
70. Geburtstags wird einem Mann von seinen Kameraden
der Titel «Alt-Nazi» verliehen.

> **«Protest ist, wenn ich sage, das**
> **und das passt mir nicht. Widerstand ist,**
> **wenn ich dafür sorge, dass das, was**
> **mir nicht passt, nicht länger geschieht.»**
> — *Ulrike Meinhof*

21. September 1968 — Und nun zur integrierten Kurzge-
schichte «Biographie in Etiketten», Teil 1: Ein Mann holt
ein Glas mit der Aufschrift «Erdbeer-Rhabarber 1968» aus
dem Keller und frühstückt mit seiner Frau. **17. Oktober
1968** — Große Empörung in Mexiko-Stadt: Avery Brundage, Präsident des IOC, fordert, dass die US-Sprinter
Tommie Smith und John Carlos, die bei der Siegerehrung
den Gruß der Black-Power-Bewegung gezeigt haben, das
Olympische Dorf unverzüglich verlassen. Sie seien aus der
Mannschaft zu entfernen. In der Stellungnahme des IOC

wird die Geste der beiden als ein «gewaltsamer Bruch der olympischen Idee» bezeichnet. Der ausgestreckte rechte Arm als Zeichen einer politischen Idee, das geht natürlich nicht. Oder doch? 1936 hatte ebenjener Brundage, als Chef des Olympischen Komitees der USA, kein Problem mit dem Hitlergruß in Berlin. Der war schließlich Volksgut.

> **«If I win, I am American, not a black American. But if I did something bad, then they would say I am a Negro. We are black and we are proud of being black. Black America will understand what we did tonight.»**
>
> — *Tommie Smith*

23. Oktober 1968 — George Foreman gewinnt die Goldmedaille im Boxen. Nach dem Ende des Kampfes rennt er mit einer kleinen amerikanischen Flagge in der Hand durch den Ring und schreit ununterbrochen: «United States Power», verhöhnt damit lautstark die Black-Power-Bewegung. In Louisville vor dem Fernsehgerät beschließt Muhammad Ali daraufhin, diesem Foreman das Maul zu stopfen. Selbst wenn er dafür doch noch in den Dschungel müsste.

18. Januar 1969 — Das ZDF strahlt erstmals die «Hitparade» aus. Startnummer 6: Karel Gott mit «Weißt Du wohin?»
19. Januar 1969 — Fünf Jahre ist Opas Sohn («Papa») jetzt

verheiratet – und immer noch keine Enkel. Der Sohn und seine Frau («Mama»), sie arbeiten beide, bei Bosch, bei Siemens, bei ThyssenKrupp, wo auch immer, und er sitzt alleine im Park und füttert die Enten. Zu Hause die Schrankwand, der Teppich, das Sofa, der Tisch, die Stille. Die Fotos, Figürchen, die er nicht gesammelt hat. In der Garage der Opel Rekord, blitzblank und abfahrbereit. Weißt Du wohin?

**«Weißt Du wohin die Träume all entfliehen,
Die unerfüllt an Dir vorüberziehen.
Weißt Du wohin mein Herz auf Reisen geht,
Wenn immerzu es sich nach Liebe sehnt.»**

— *Karel Gott, «Weißt Du wohin»*

30. Januar 1969 — Die Beatles, laut John Lennon ja «berühmter als Jesus Christus», geben auf dem Dach des Apple-Gebäudes ihr letztes Konzert. Es ist vollbracht. **1. Februar 1969** — Als die Beatles am dritten Tage immer noch nicht auferstanden sind, fragen sich die ersten Fans, ob der Jesus-Vergleich nicht doch etwas hochgegriffen war. **28. Mai 1969** — Spiel mir das Lied vom Tod. In den USA kommt Sergio Leones Film in die Kinos. In Vietnam geht der Krieg, nun unter der Regie Richard Nixons, in die Fortsetzung. Eines ist beiden gemein: Sie stoßen auf Ablehnung beim US-Publikum. Ein Desaster. Vor allem, wenn man die Produktionskosten bedenkt. **19. Juni 1969** — Am Universitätsklinikum Bonn wird zum ersten Mal in Deutschland eine Leber transplantiert. Darauf einen Dujardin! **21. Juli 1969** — Ein großer Schritt für die Menschheit. Und:

Cut. Das war's. Stanley Kubrick verlässt die große Halle durch den Hinterausgang, setzt sich in sein Auto und fährt durch die Dunkelheit der Wüste Nevadas zurück in sein Hotel. Kurz vor Vegas schaut er noch einmal in den Himmel und fragt sich, wie das eigentlich wäre, dort auf dem Mond. **3. August 1969** — Mit der Sexualkunde wird auch der Sexualkunde-Atlas an deutschen Schulen eingeführt. Viele Jungen dringen daraufhin erstmals in Gebiete südlich des Äquators vor. **9. August 1969** — In den Teufel ist Charles Manson gefahren: Sharon Tate muss sterben. **13. August 1969** — Frankfurt/Main. Theodor W. Adorno wird auf dem Hauptfriedhof beigesetzt. Auf die Trauergemeinde geht ein schwerer Schauer nieder. Vor dem Leichenschmaus, in einem Nebenraum der Gaststätte, föhnt Jürgen Habermas Max Horkheimer das Cordsakko trocken. Gibt es ein richtiges Leben im Regen? **18. September 1969** — Der Mann holt ein Glas mit der Aufschrift «Erdbeer-Rhabarber 1969» aus dem Keller und frühstückt mit seiner Frau. **3. Oktober 1969** — Walter Ulbricht drückt den Knopf. Nun hat auch die DDR endlich Farbfernsehen. Der Sozialismus in bunt. Nur Ulbricht selbst bleibt grau. **24. Oktober 1969** — Wir finden doch immer was, um uns einzureden, dass wir existieren, nicht wahr? Samuel Beckett wird der Literaturnobelpreis zugesprochen. **16. November 1969** — In der Advanced Research Projects Agency in Arlington County, USA, wird das Internet erfunden. Die erste übermittelte Datenbotschaft lautet «Io». Die NSA sammelt sie ein. Man weiß ja nie. **30. November 1969** — Noch mal Hohenschönhausen. Wenn den Spitzeln langweilig ist, überlegen sie sich neue Methoden zur Überwachung der ihnen anvertrauten Bevölkerung. Großes Gelächter, als man zufällig herausfindet, dass Inhaftierte jedes Zeitgefühl verlieren, wenn man sie nachts rein zufällig («Ach, da liegt ja schon einer!») etwa alle 80 Minuten weckt und kein Tageslicht in die Zelle eindringen lässt. Schon nach kurzer Zeit können die Häftlinge nicht mehr einschätzen, ob sie erst seit Stunden oder schon Tagen eingesperrt sind, was gleichzeitig ihre Glaubwürdigkeit bei späteren Aussagen erheblich reduziert. **6. Dezember 1969** — Wie sich die Zeiten doch ändern, zeigt eine weitere Umfrage: Eine Mehrzahl der Amerikaner wünscht sich nun, sie hätten nie erfahren, wo dieses Vietnam liegt. **9. Dezember 1969** — Der Durchschnittsamerikaner wird vom «TIME Magazine» zum Mann des Jahres gekürt. **29. Dezember 1969** — Bonn spricht mit der DDR. Auch über Berlin. Die DDR versteht nur die Hälfte.

3. März 1970 — Nur mal so am Rande: Wenn Peter Scholl-Latour zu spät im Kongo ankommt oder in Afghanistan, so spät, dass schon wieder alles vorbei ist, weil, sagen wir, eine Airline sein Ticket falsch gebucht hat – hat er dann eigentlich ein Anrecht auf Kriegsberichterstattung? **10. März 1970** — Und in Tuttlingen sitzt Ilse, die Frau des Pastors, an einem leeren Bett im Zimmer ihrer Tochter und singt das Gute-Nacht-Lied für die Kinder des Zorns: «Ensslin Klein ging allein, in die Unterwelt hinein. Glock und Wut steh'n ihr gut, ist gar wohlgemut.» **12. April 1970** — Der Splitter im Kopf des Kriegsversehrten tut noch immer weh, wenn das Wetter sich ändert. Wie wird es morgen, Opa? Opas Antwort: bombig. **13. Mai 1970** — Andreas Baader sitzt im Gefängnis. Ulrike Meinhof ist Journalistin. **14. Mai 1970** — Andreas Baader wird befreit. Ulrike Meinhof ist Terroristin.

«NATÜRLICH KANN GESCHOSSEN WERDEN.»

*— Ulrike Meinhof, RAF, auf Tonbandaufnahmen,
veröffentlicht vom Magazin «Der Spiegel»*

«ES HÄTTE JA GAR NICHT GESCHOSSEN WERDEN MÜSSEN.»

*— Peter Homann, RAF, in einem
Interview mit dem Magazin «Der Spiegel»*

2. August 1970 — Gegen Abend: Klaus Kinski spielt mit seiner Tochter Nastassja Karten. Er lässt sie absichtlich verlieren. **18. September 1970** — Zum Kotzen: Jimi Hendrix wird tot in seinem Apartment im Londoner Samarkand Hotel aufgefunden. **27. September 1970** — Der Mann holt ein Glas mit der Aufschrift «Erdbeer-Rhabarber 1970» aus dem Keller und frühstückt mit seiner Frau. **4. Oktober 1970** — Auch Janis Joplins Herz rast nur mehr langsam. **7. Dezember 1970** — «Du hast Geschichte geschrieben», sagt Egon Bahr. «Mehr Salbe!», sagt Willy Brandt. «Ich mach ja schon! Ich mach ja schon!», sagt Bahr. «Jetzt den Meniskus, Egon!», sagt Brandt. «So?», sagt Bahr. «Das ist gut, das ist sehr gut», sagt Brandt. «Denk immer dran, Willy: Du hast da für Deutschland gekniet», sagt Bahr. «Ich hatte das Empfinden, das Neigen des Kopfes genügt nicht. Mehr Salbe!», sagt Brandt. «Ich will mich nicht versteigen, Willy, aber dafür gebührt dir der Friedensnobelpreis», sagt Bahr. «Und jetzt noch mal die Kniescheibe, wie vorhin, Egon», sagt Brandt. «So?», sagt Bahr. «Genau so. Bloß mehr Salbe», sagt Brandt. «Die Tube ist fast leer, Willy», sagt Bahr. «Dann besorg mehr», sagt Brandt. «Hier? In Warschau? Um diese Zeit?», sagt Bahr. «Du kannst doch verhandeln», sagt Brandt. «Ja, schon, aber...», sagt Bahr. «Dann verhandle», sagt Brandt. «Aua. Mein Knie.» **15. Dezember 1970** — Technologische Sensation oder billiges Schmutzfilmchen? Entscheiden Sie selbst, liebe Leser, was sich hinter dieser «Bild»-Schlagzeile verbirgt: «Erste Sonde auf der Venus!»

7. Februar 1971 — Als letztes Land Europas gesteht nun auch die Schweiz Frauen das Wahlrecht zu. Ein großer

Schritt für die Emanzipation. Und wer hat's erfunden? Die Schwarzer. Oder so ähnlich. **8. Februar 1971** — Der «Haarnetzerlass» von Verteidigungsminister Helmut Schmidt (SPD) ermöglicht Bundeswehrsoldaten das Tragen langer Haare. Und mit einem Mal scheint er möglich, der Weltfrieden, verteidigt von der German Hair Force. **2. Mai 1971** — Nach fast zehnjährigem Zuchthausaufenthalt wird Michael Gartenschläger, krank und ausgezehrt, von der Bundesrepublik für 40 000 DM freigekauft. Im Devisenbeschaffungsgeschäft ist dies der Preis für einen kaputten Menschen. **1. Juni 1971** — Seit zehn Jahren ist die Pille nun in Deutschland auf dem Markt. 30 Prozent der Babys kommen gar nicht erst auf die Welt, sind also, genau genommen, gar keine Babys. Wenn Gott das wüsste! **13. Juni 1971** — Washington. Im Oval Office missbraucht Richard Nixon das Amt des Präsidenten. Es kann sich nicht wehren. **15. Juni 1971** — Und gleich noch mal. Diesmal gemeinsam mit Henry Kissinger, dem alten Lustmolch. Dabei lachen sie höhnisch. Es macht ihnen so viel Spaß, dass sie das Ganze auf Band aufzeichnen, damit sie sich später, wenn sie alt sind, an die geilen Tage im Weißen Haus erinnern können. Die Bänder, «heiße Ware», sagen sie dazu, schließen sie gut weg. Wäre doch blöd, wenn die jemand finden würde. **10. Juli 1971** — Der Regierungsapparat leckt, überall undichte Stellen. Das Weiße Haus heuert eine Handvoll Klempner an. Sie werden aus dem Fonds des Komitees zur Wiederwahl des Präsidenten bezahlt und bald schon, das wird sich noch zeigen, auch im Außendienst eingesetzt. **4. August 1971** — «Chikago in München», titeln die Zeitungen am nächsten Tag, denn zum ersten Mal werden bei einem Bankraub in Deutschland Geiseln genommen, in der Prinzregentenstraße, gegenüber vom Käfer, wo die Großkopferten essen und glotzen und reden. Einsatzleitung, Polizisten, Bankräuber, die sogenannten Scharfschützen, die mit ihren Jagdgewehren noch schnell in einer Kiesgrube trainieren, die fünftausend Schaulustigen, die sich rasch einfinden – niemand weiß, was zu tun ist. Nach acht Stunden fällt ein Schuss, dann viele, das bereitgestellte Fluchtfahrzeug wird mitsamt Bankräuber und Geisel durchsiebt, die Gaffer gaffen erst, dann klatschen sie, der Bankräuber Rammelmayr wird in den Rinnstein gezogen und stirbt, die verblutende Geisel Ingrid Reppel wird, weil es sonst niemand macht, vom Bürgermeister Hans Steinkohl aus dem Auto geholt und zu einem Notarztwagen getragen, die Gaffer klatschen, derweil Franz Josef Strauß oben im Käfer am Fenster sitzt und schwitzt und säuft und Reden schwingt. Ein Gewehr, ein Gewehr muss her, «diese Schweine knall ich persönlich ab», die Entourage klatscht, Ingrid Reppel stirbt. Der zweite Bankräuber, noch immer in der Bank, gibt auf. Chikago in München. **9. September 1971** — Bei der Vorstellung seiner neuen Platte singt John Lennon aus Versehen: «Imagine there's no Yoko.» **1. Oktober 1971** — Der Mann holt ein Glas mit der Aufschrift «Erdbeer-Rhabarber 1971» aus dem Keller und frühstückt mit seiner Frau. **26. Oktober 1971** — Nach einem Konzert in Essen wird Hannes Wader verhaftet. In seiner Wohnung hat die Polizei neben 2000 Patronen, Kaliber 7,65 und 9 mm, auch ein Schnellfeuergewehr und zehn Pfund Schwarzpulver gefunden. Sie wurde verwüstet und überhastet verlassen. Wader hatte ohne sein Wissen an Gudrun Ensslin untervermietet. Von nun an gilt er als Sympathisant der RAF. Scheiße. Und zu allem

Überfluss hat die Ensslin nicht mal die Blumen gegossen.

4. Dezember 1971 — Für folgende Meldung mussten drei Quadratkilometer Regenwald abgeholzt werden: In München wird die erste McDonald's-Filiale eröffnet.

1. März 1972 — Das kann doch alles nicht wahr sein! **2. März 1972** — Doch, das kann es.

> **«Wenn die gegenwärtige
> Zunahme der Weltbevölkerung,
> der Industrialisierung,
> der Umweltverschmutzung,
> der Nahrungsmittelproduktion und
> der Ausbeutung von natürlichen
> Rohstoffen unverändert anhält, werden
> die absoluten Wachstumsgrenzen
> auf der Erde im Laufe der nächsten
> hundert Jahre erreicht.»**
>
> — *Club of Rome: «Die Grenzen des Wachstums»*

17. Juni 1972 — Washington. Die Klempner, wir hörten bereits von ihnen, versuchen im Watergate Hotel, dem Hauptquartier der Demokraten, ein paar Leitungen zu verlegen, und wollen auch gleich noch ein paar Erinnerungsfotos schießen. Weil sie keinen Schlüssel haben, dafür aber ein hohes Pflichtbewusstsein gegenüber ihrem Auftraggeber, brechen sie ganz einfach die Tür auf. **18. Juni 1972** — Die Klempner wurden von der Polizei in Gewahrsam genommen. Das Watergate Hotel aber ist nun ohne-

hin eine Sache für den Kammerjäger. Alles voller Wanzen.
4. Juli 1972 — Zwei Außerirdische sehen von ihrem Raumschiff aus Erich von Däniken, der in einem Getreidefeld Kornkreise walzt. Sagt der eine zum anderen: «Guck mal da: Der Penner im Roggen!» **11. August 1972** — Die Reichen und die Mächtigen, sie pissen auf uns, und die Medien sagen, es sei Regen – in Wuppertal. **5. September 1972** — Das palästinensische Terrorkommando «Schwarzer September» entführt im Morgengrauen elf israelische Athleten aus dem olympischen Dorf von München. Am Abend desselben Tages, nach einer gescheiterten Befreiungsaktion, sind 17 Menschen tot, sämtliche Geiseln, fünf Terroristen und ein unbeteiligter Polizist. Es sollten «die heiteren Spiele» werden, hatte vorher jemand gesagt. **6. September 1972** — Nachdem die Wettkämpfe wegen des Massakers für einen halben Tag unterbrochen worden sind, verkündet IOC-Präsident Avery Brundage: «The games must go on.» Wie recht er hat: In den kommenden zwanzig Jahren werden Mossad-Kommandos im Rahmen der Operation «Zorn Gottes» zwei der drei überlebenden Terroristen, mindestens zwölf weitere Palästinenser, die sie der Mittäterschaft verdächtigen, und zahlreiche Unbeteiligte töten. **28. September 1972** — Der Mann holt ein Glas mit der Aufschrift «Erdbeer-Rhabarber 1972» aus dem Keller und frühstückt mit seiner Frau. **8. Oktober 1972** — Auch die Deutschen können Spionage. In Bonn, Kanzleramt, Vorzimmer der Macht, beginnt eine folgenschwere Affäre. Günter Guillaume verliebt sich in die Nähe zu Willy Brandt. **3. Dezember 1972** — Der Tag, der der erste sein wollte, an dem niemand stirbt, scheitert und bekommt keine zweite Chance.

1. Januar 1973 — Weltuntergang, diesmal verkündet von David Moses, dem Gründer der «Children of God». Irren ist offenbar auch göttlich. Wir haben's ja geahnt. **10. März 1973** — Der Student Christian Klar sitzt in Heidelberg an seiner Kriegsdienstverweigerung. Er habe, schreibt der spätere RAF-Terrorist darin, «eine zutiefst lebensbejahende Haltung», die mit dem Dienst an der Waffe nicht zu vereinbaren sei. Nichts könne ihn dazu bringen, «einen Menschen zu verletzen oder zu töten». **3. April 1973** — «Liebesgrüße aus der Lederhose» – Grüße zurück! **4. April 1973** — «Aloha from Hawaii» – Aloha zurück! **17. Juni 1973** — Martin Cooper von der Firma Motorola führt als erster Mensch ein Handytelefonat. Er landet in der Warteschleife von Motorola. **5. Juli 1973** — Willy Brandt fährt mit Günter Guillaume in den Urlaub nach Norwegen. Guillaume kümmert sich umgehend um die Post des Kanzlers und schickt ein paar Ansichtskarten nach Ost-Berlin: «Lieber Mischa, mir geht es gut. Nicht viel los hier. Willy und Rut sitzen die meiste Zeit im Garten und lesen Illustrierte. Wir sprechen kaum, sie ignorieren mich und Christel. Ich glaube, der Chef ist zunehmend genervt von mir. Dabei will ich doch sein Kumpel sein. Aber das wird schon. Heute kam Post aus den USA. Ich schau mir das mal genauer an. Lieben Gruß, Günter.» **8. Juli 1973** — Harma, Norwegen. Brandt stürzt über Guillaume. Der hatte sich am Mittag kurz vor dem Haus in die Sonne gelegt, Brandt ihn, wie immer in Gedanken, nicht gesehen. Brandt rappelt sich auf. Beide lachen. Wird ja nicht wieder vorkommen. **21. Juli 1973** — Noch mal Norwegen, diesmal Lillehammer. Auf der Suche nach Ali Hassan Salameh, dem Oberhaupt der Terrorgruppe «Schwarzer September», tötet ein

Mossad-Kommando den marokkanischen Kellner Achmed Bouchiki mit vierzehn Schüssen. Bouchiki, der Salemeh zwar leicht ähnelt, statt 1,92 Meter aber nur 1,73 Meter misst und – anders als der Gesuchte – einen Bart trägt, hinterlässt seine schwangere Frau, einen Sohn und eine Tochter. Aber die Spiele müssen weitergehen. **21. September 1973** — Der Mann holt ein Glas mit der Aufschrift «Erdbeer-Rhabarber 1973» aus dem Keller und frühstückt mit seiner Frau. **9. November 1973** — Autofreier Sonntag in Deutschland. Wegen Ölkrise. Und ausgerechnet heute hätte Opa gewusst, wohin er fahren würde. **10. Dezember 1973** — US-Außenminister Henry Kissinger wird in Oslo der Kriegsnobelpreis verliehen. **18. Dezember 1973** — Keith Richards, Gitarrist der Rolling Stones, kommt ein Jahr zu spät zu seiner eigenen Geburtstagsfeier.

17. Mai 1974 — Philipp Jenninger vergleicht Helmut Schmidt mit Goebbels. **9. August 1974** — Rohrbruch im Weißen Haus, kein Klempner kann helfen: Richard Nixon tritt wegen der Watergate-Affäre als bislang einziger US-Präsident von seinem Amt zurück.

«Yeah ... I let the American people down.»
— Richard Nixon
im Interview mit David Frost

11. August 1974 — Paul Breitner posiert unter einem Mao-Tse-tung-Poster. **12. August 1974** — Mao Tse-tung weigert sich, unter einem Paul-Breitner-Poster zu posieren. **19. Sep-**

tember 1974 — Der Mann holt ein Glas mit der Aufschrift «Erdbeer-Rhabarber 1974» aus dem Keller und frühstückt mit seiner Frau. **28. Oktober 1974** — Rumble in the Jungle. Auf der Pressekonferenz vor seinem Kampf gegen George Foreman in Kinshasa, Zaire, erklärt Ali den anwesenden Journalisten noch einmal Ali: «Ich bin so schnell, dass ich, als ich gestern Nacht im Hotelzimmer den Schalter umlegte, im Bett lag, bevor das Licht aus war.» **29. Oktober 1974** — In Bad Saarow wissen die Eltern des fünfjährigen Axel Schulz, dass sie im Gefängnis sitzen könnten, noch bevor sie das Westfernsehen ausgeschaltet haben. **10. November 1974** — Freunde des linken Terrors müssen nicht länger warten: Die RAF geht in die zweite Generation. Ein Qualitätssprung für den Terrorismus.

12. Januar 1975 — Kurt Mattick vergleicht Franz Josef Strauß mit Goebbels. **13. Februar 1975** — In Wien erscheint das neue Telefonbuch. Weiterhin aufgeführt ist die Nummer 37 12 36, der Privatanschluss von Bundeskanzler Bruno Kreisky, der für seine Bürger rund um die Uhr erreichbar sein will und tatsächlich rangeht, wenn sie anrufen. **17. April 1975** — Kambodscha. Die Roten Khmer entscheiden den Bürgerkrieg durch die Eroberung der Hauptstadt für sich. Die rund zweieinhalb Millionen Einwohner Phnom Penhs werden evakuiert und wie der Rest der städtischen Bevölkerung auf die Reisfelder abkommandiert. Wer den Anschein erweckt, ein Intellektueller zu sein, etwa weil er eine Fremdsprache spricht oder eine Brille trägt, wird im Schnellverfahren abgeurteilt und exekutiert. **18. April 1975** — Was in den nächsten vier Jahren in Kambodscha passiert, erscheint, als wolle der Weltgeist uns endgültig zur Kapitulation zwingen vor so viel Irrsinn. Verboten werden von den Roten Khmer unter anderem Gefühlsäußerungen wie Lachen, Weinen oder Trauern. Abgeschafft werden alle Strafen, bis auf eine: die Todesstrafe. **27. Mai 1975** — Erinnern Sie sich? Jean-Paul Sartre hat ja vor elf Jahren den ihm zuerkannten Nobelpreis für Literatur abgelehnt. Nun fragt er über einen Mittelsmann in Stockholm an, ob er nachträglich die Dotierung erhalten könne. Das Komitee lehnt ab. Inoffizielle Begründung: «Kein Mensch verdient, dafür bezahlt zu werden, dass er ein Armleuchter ist.» **8. August 1975** — Der Banqiao-Staudamm in der chinesischen Provinz Henan, gebaut, um eine Überschwemmung zu überstehen, die «nur einmal in tausend Jahren» auftritt, bricht. Die Flutwelle tötet rund 85 000 Menschen. Und hierzulande interessiert das die Leute, als würde in China ein Sack Sand umfallen.

«Kleinere Unglücksfälle sind in den Unterartikeln von ‹Katastrophe› geführt.»
— *Wikipedia*

23. August 1975 — Herbert Wehner vergleicht Gerhard O. Pfeffermann mit Goebbels. **31. August 1975** — So einen nennt man wohl einen tragischen Helden: Nachdem der ehemalige sowjetische Bergmann Alexei Stachanow, inzwischen schwerer Alkoholiker, seine Wodkanorm wieder einmal um das Dreizehnfache übererfüllt hat, muss er dem vierzigsten Jahrestag der nach ihm benannten Stachanow-

Bewegung fernbleiben. **23. September 1975** — Der Mann holt ein Glas mit der Aufschrift «Erdbeer-Rhabarber 1975» aus dem Keller und frühstückt mit seiner Frau. **1. Oktober 1975** — Der Thrilla in Manila. Ali siegt gegen Joe Frazier. Es ist kein Kampf mehr, sondern ein epochales Gemetzel. Ali kassiert 440 Treffer, die meisten am Kopf. «Hier war ich dem Tod am nächsten», wird er später über diesen Kampf sagen. Und vielleicht steht der Tod nach dem Kampf wirklich in der Kabine Alis, der sich kaum noch auf den Beinen halten kann, schaut nach ihm, will ihn mitnehmen, doch Ali schüttelt nur den Kopf. Noch nicht. Und der Tod zuckt mit den Schultern, geht durch die Tür. Zurück bleibt, kaum merklich, ein Zittern. **11. Oktober 1975** — Eine Frau um die vierzig sucht in einem Wald bei Ahrensburg die Blätter des Sommers, in dem sie unglücklich wurde. **13. November 1975** — Kein Witz: Die Siamkatze F. D. C. Willard veröffentlicht im Fachmagazin «Physical Review Letters» den Aufsatz «Two-, Three-, and Four-Atom Exchange Effects in bcc ^{3}He». Den Feierabend verbringt sie dann aber doch wie jede andere gottverdammte Katze: Sie jagt ihren eigenen Schwanz.

30. März 1976 — Michael Gartenschläger demontiert an der innerdeutschen Grenze eine Selbstschussanlage vom Typ SM 70 und verkauft sie dem Magazin «Der Spiegel». **1. April 1976** — Kein Regen in Wuppertal. April, April. **1. Mai 1976** — Beim Versuch, eine weitere Selbstschussanlage zu demontieren, wird Michael Gartenschläger von DDR-Grenzbeamten erschossen. Von Hand. **9. Mai 1976** — Stammheim. Die RAF-Terroristin Ulrike Meinhof erhängt sich in ihrer Zelle mit einem in Strei-

RICHARD OETKER

1,94 m

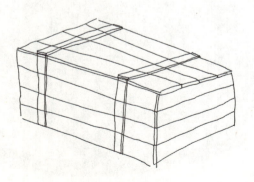

KISTE

1,45 x 0,7 m

fen gerissenen und verknoteten Handtuch. Sie wird sechs Tage später ohne Gehirn beigesetzt. Sie war ja eine Intellektuelle. Und solchen Leuten ist schließlich alles zuzutrauen. **25. September 1976** — Der Mann holt ein Glas mit der Aufschrift «Erdbeer-Rhabarber 1976» aus dem Keller und frühstückt mit seiner Frau. **14. Dezember 1976** — Man nehme Dr. Oetker. Obwohl er von einer Promotion weit entfernt ist, wird der 25-jährige Student Richard Oetker auf dem Parkplatz der Universität Freising vom «Kfz-Tüftler, Freizeit-Barkeeper, Tauchlehrer und Zauberkünstler» («Spiegel TV») Dieter Zlof entführt. **16. Dezember 1976** — 21 Millionen Mark Lösegeld ist Richard Oetker seiner Familie wert, dem Entführer Dieter Zlof allerdings nicht einmal die Mühe, ihm eine angemessen große Kiste zu zimmern. So verbringt der 1,94 Meter große Oetker 47 Stunden auf einem Raum von 1,45 Meter mal 70 Zentimeter, ein defekter Sicherungsmechanismus fügt ihm Knochenbrüche, die Enge der Kiste Lungenschäden zu. Es ist eine Situation, in der es nur Verlierer gibt. Als Oetker schließlich freigelassen wird, schwebt er in Lebensgefahr und trägt bleibende Gehbehinderungen davon. Dieter Zlof wird später insgesamt 17 Jahre Haft für die Tat verbüßen, ehe er sie gesteht, 12,4 Millionen Mark des Lösegeldes werden sichergestellt, der Rest verrottet in einem Versteck im Wald.

12. Juni 1977 — An einem Tag wie jedem anderen kopiert der Erstklässler Karl-Theodor die Namen seiner Sitznachbarn auf den Umschlag seines Diktatheftes und nennt sich fortan Karl-Theodor Maria Nikolaus Johann Jacob Philipp Franz Joseph Sylvester.

> **«There is no reason for
> any individual to have a
> computer in his home.»**
>
> — *Ken Olson, Gründer von Digital Equipment Corp.*

16. Juni 1977 — Wernher von Braun stirbt in Alexandria, Virginia. Auf dem Grabstein steht der Psalm 19,1: «Die Himmel erzählen von der Herrlichkeit Gottes; und das Firmament verkündet seiner Hände Werk.» In der Bibel fanden sich leider keine Sprüche über Fahrräder. **16. August 1977** — Return to sender: Elvis Presley ist tot. **17. August 1977** — Halt, stopp: Elvis Presley lebt! Er bucht in diesem Moment unter dem Namen John Burrows ein Flugticket nach Buenos Aires. **18. August 1977** — In Memphis wird eine 900 Kilogramm schwere Fehlpressung einer Elvis-Wachspuppe beigesetzt. **26. August 1977** — «Der Spion, der mich liebte» kommt in die deutschen Kinos. Willy Brandt schaut lieber Testbild. **1. September 1977** — Am Mittwoch ziehen über die Ost- und Nordhälfte noch dichte Wolkenfelder hinweg, die im Tagesverlauf von Südwesten her aber allmählich auflockern. Im Süden und Westen scheint die Sonne, Tageshöchstwerte bis 26 Grad. Meteorologischer Herbstanfang in Deutschland. **5. September 1977** — Die RAF-Kommando Siegfried Hausner, bestehend aus Peter Jürgen Boock, Sieglinde Hofmann, Willy-Peter Stoll und Stefan Wisniewski, entführt in Köln den Arbeitgeberpräsidenten Hanns Martin Schleyer, die nächsten sechs Wochen werden ungemütlich. Terroristischer Herbstanfang in Deutschland. **18. September 1977** — Der Mann holt ein Glas mit der

Aufschrift «Erdbeer-Rhabarber 1977» aus dem Keller und frühstückt mit seiner Frau. **2. Oktober 1977** — Bereits 25 Tage dauert die Schleyer-Entführung an. Und damit etwa 24 Tage länger, als von der RAF geplant. Mittlerweile sind Entführer und Entführter in einer Wohnung in Brüssel untergekommen. Sie haben sich ein bisschen kennengelernt, angenähert, spielen gemeinsam Schach. Eine Entführerin schneidet Schleyer die Haare. Jetzt könnte Hanns Martin doch eigentlich mal von früher erzählen, sich an die Zeit erinnern, in der er selbst Teil einer Studentenbewegung war.

«NIE ZUVOR HAT MAN EINEN SS-MANN IN DEUTSCHLAND LEIDEN SEHEN.»

— *Friedrich Christian Delius*

6. Oktober 1977 — Brüssel. Der 62-jährige Hanns Martin Schleyer bricht zum Shooting auf: Er wird heute der RAF für ihr Werk «Seit 31 Tagen Gefangener» Modell stehen. **13. Oktober 1977** — Die «Landshut», Lufthansa-Flug LH 181, wird vom palästinensischen Terrorkommando «Martyr Halimeh» entführt. Im Gepäck der Entführer befinden sich beim Boarding: zwei Pistolen, vier Handgranaten und etwa 500 Gramm Plastiksprengstoff. Feuerzeuge hatten sie nach Aussage der Sicherheitskräfte allerdings nicht dabei. Irgendwo muss schließlich eine Grenze gezogen werden. **15. Oktober 1977** — Die Maschine steht seit Stunden auf dem Rollfeld, in der gleißenden Sonne. Es gibt keine Getränke, nichts zu essen. Die Klimaanlagen sind ausgefallen. Unmittelbar vor dem Cockpit schreit eine Frau auf einen der Passagiere ein. So in etwa sieht die Hölle aus. Jetzt aber genug von unserem letzten Easyjet-Flug. Was macht eigentlich die «Landshut»? **18. Oktober 1977** — Die «Landshut» wird in Mogadischu befreit. In Stammheim töten sich die inhaftierten RAF-Mitglieder Andreas Baader, Gudrun Ensslin und Jan-Carl Raspe selbst. Der Herbst endet im Herbst. Und nun zum Wetter. **19. Oktober 1977** — Auch Schleyer ist tot. Erschossen. Das Kommando Siegfried Hausner schickt eine letzte Nachricht an Bundeskanzler Helmut Schmidt: «Wir haben nach 43 Tagen Hanns Martin Schleyers klägliche und korrupte Existenz beendet. Herr Schmidt, der in seinem Machtkalkül von Anfang an mit Schleyers Tod spekulierte, kann ihn in der Rue Charles Peguy in Mulhouse in einem grünen Audi 100 mit Bad Homburger Kennzeichen abholen.» Helmut Schmidt verzichtet.

1. Januar 1978 — Auch Jim Jones, Messias der Volkstempler, liegt mit seiner Ankündigung, die Welt werde heute untergehen, falsch. Die Sonne immerhin geht, wie erwartet, um 17.51 Uhr unter. **7. Januar 1978** — Um Anspruch auf einen Teil des Kontinents erheben zu können, entsendet Argentinien eine werdende Mutter zur Niederkunft nach Hope Bay, rund 3000 Kilometer vom Südpol entfernt. Der Kleine bekommt den antarktischen Namen Emilio Palma. **6. Februar 1978** — Bei der Mainzer Fastnacht stellt ein junger Mann fest: Der Hintermann im Kamelkostüm hat eigentlich nichts zu feiern.

«Don't panic!»

— Douglas Adams «The Hitchhiker's Guide to the Galaxy»

8. Mai 1978 — Elvis lebt – sein Manager Tom Parker sagt: «Ich habe heute mit ihm gesprochen, und er ist guter Dinge, und wir machen immer so weiter.» **11. Mai 1978** — Draußen: schon wieder Wetter! Hören Sie dazu einen Kommentar von Ulrich Deppendorf vom Westdeutschen Rundfunk. **3. Oktober 1978** — Der Mann holt ein Glas mit der Aufschrift «Erdbeer-Rhabarber 1978» aus dem Keller und frühstückt mit seiner Frau.

3. Januar 1979 — Rekordkälte in Deutschland. Eine alte Frau versteht etwas falsch und kauft sich einen Hamster. **7. Januar 1979** — Als Truppen des wiedervereinigten Vietnam das seit vier Jahren menschenverlassene Phnom Penh erobern und einen Großteil Kambodschas von den Roten

Khmer befreien, leben im Folterzentrum S-21 vor den Toren der Stadt noch 14 von ehemals mindestens 14 000 Gefangenen. **14. Januar 1979** — Von den 14 Überlebenden aus S-21 haben sieben die erste Woche nach der Befreiung überstanden. In ganz Kambodscha gibt es noch 50 Ärzte. **22. Januar 1979** — Beirut. Ein Mossad-Kommando tötet per ferngesteuerter Autobombe Ali Hassan Salameh, das Oberhaupt der Terrorgruppe «Schwarzer September». Er sieht dem marokkanischen Kellner Achmed Bouchiki leicht ähnlich, gemein haben sie nun zumindest die toten Augen. Mit ihm sterben etwa ein Dutzend unbeteiligter Passanten, darunter eine deutsche Nonne und ein englischer Student. Aber die Spiele müssen weitergehen. **20. Februar 1979** — Ach, Europa! Das «Cassis-de-Dijon»-Urteil des Europäischen Gerichtshofs pulverisiert das deutsche Branntweinmonopolgesetz. Demnach darf der Likör «Crème de Cassis» in Deutschland verkauft werden, obwohl er nicht den in Deutschland für Liköre festgeschriebenen Alkoholgehalt von 32 Prozent erreicht. Darauf einen Dujardin. **22. Februar 1979** — St. Lucia wird von Großbritannien unabhängig. **13. März 1979** — Hallo, Herr Kaiser! Kann man sich eigentlich auch gegen dieses Jahrhundert versichern? **2. April 1979** — Verabschiedung der Vogelschutzrichtlinie durch die EG, die Vogelfallen verbietet. Papageno wird arbeitslos. Papagena brennt mit Sarastro durch. **4. Mai 1979** — Großbritannien wird von Margaret Thatcher abhängig. **3. Juli 1979** — Im Kampf gegen die Ausdehnung des Kommunismus startet die CIA ein umfassendes Programm zur Finanzierung und Bewaffnung der Rebellen in Afghanistan. Die Operation Cyclone. Bis 1993 gehen 7,4 Milliarden US-Dollar an die Freiheitskämpfer. Mudschaheddin –

das bedeutet bis auf weiteres auch: Freunde Amerikas. **8. August 1979** — Elvis lebt – laut KGB unter dem Namen Evgeni Preskov in einer Datscha in Peredelkino nahe Moskau. **16. August 1979** — Hier eine Auswahl der Terrororganisationen, Parteien und militanten Gruppen, die derzeit für die Unabhängigkeit Palästinas kämpfen: Abu-Nidal-Organisation (auch bekannt als Fatah-Revolutionsrat, Arabische Revolutionäre Brigaden, Schwarzer September, Revolutionäre Organisation der Sozialistischen Moslems); Arabische Befreiungsfront; As-Saiqa-Pioniere der Volksbefreiungskriege; Bewegung zur nationalen Befreiung Palästinas (Fatah); Demokratische Front zur Befreiung Palästinas; Palästinensische Befreiungsarmee; Palästinensische Befreiungsfront; Palästinensische Volkskampffront; Volksfront zur Befreiung Palästinas; Volksfront zur Befreiung Palästinas – Generalkommando; Volksfront zur Befreiung Palästinas – Gruppe externe Operationen. **17. August 1979** — Der Monty-Python-Film «Das Leben des Brian» kommt in die Kinos.

«Du bist der Messias! Und ich muss es wissen, denn ich bin schon einigen gefolgt!»

— aus «Das Leben des Brian»

19. August 1979 — Pol Pot, eben noch Kambodschas weithin tolerierter «Bruder Nr. 1», wird bei einem Schauprozess in Abwesenheit zum Tode verurteilt. Das Verdikt wird nie auch nur die geringste Auswirkung haben, Pol Pot sitzt mit seinen Schergen in den Bergen, es ist ein Urteil zum Totlachen. Aber er lacht ja nicht, dieser Bruder, er lächelt nur. **8. September 1979** — Eine 80-Jährige aus der Nähe von Zaragoza erkennt in der Röstung ihrer Toastscheibe das Antlitz der Jungfrau Maria. **9. September 1979** — Die Jungfrau Maria erkennt in der Röstung ihrer Toastscheibe das Antlitz einer 80-Jährigen aus der Nähe von Zaragoza. **26. September 1979** — Der Mann holt ein Glas mit der Aufschrift «Erdbeer-Rhabarber 1979» aus dem Keller und frühstückt mit seiner Frau. **3. Oktober 1979** — Sommer auf Jamaika: Rastafari. Herbst in Deutschland: Rasterfahndung. **4. Oktober 1979** — Berlin. Ein gutes Dutzend Zeugen Jehovas steht vor dem Zoopalast und kriegt sich kaum noch ein. Seit heute im Kino: «Apocalypse Now». **18. Oktober 1979** — Deutschland. Natürlich. Wo sonst würden solche Fragen verhandelt? Das Finanzgericht Düsseldorf entscheidet, dass Theo Albrecht die nicht wieder aufgetauchten vier Millionen Mark Lösegeld aus seiner Entführung 1971 zwar als «außergewöhnliche Belastung», nicht aber als Betriebsausgaben von der Steuer absetzen darf. **17. November 1979** — Die USA beginnen damit, die von der vietnamesischen Armee aus weiten Landesteilen Kambodschas vertriebenen Roten Khmer in ihrem neuerlichen Guerillakrieg militärisch und finanziell zu unterstützen. **25. Dezember 1979** — Wenn wir das richtig verstanden haben, ist Rambo soeben in Afghanistan einmarschiert.

3. Januar 1980 — In der BRD wird der Telefontakt für Ortsgespräche eingeführt. 23 Pfennige kostet die Einheit, acht Minuten lang können sich unglückliche Liebespaare dafür anschweigen. **12. Januar 1980** — Strickende Frauen,

strickende Männer, Männer in Latzhosen, Frauen in Latzhosen, ehemalige Unionspolitiker (aufgrund von Missver-
ständnissen), Erdkunde- und Biologielehrer, Otto Schily
und Joseph Beuys, jedoch niemand ohne einen Anstecker
an der Kleidung, gründen in Karlsruhe die Partei «DIE
GRÜNEN». Zu Ihrer freien Verwendung dazu im Folgenden die Glückwünsche von Claudia Roth, Dramaturgin an
Hoffmanns Comic Theater, Unna. **3. März 1980** — Regen
in Wuppertal. **6. April 1980** — Wiedereinführung der Som-
merzeit in der Bundesrepublik. Bundeskanzler Helmut
Schmidt stellt seine Uhr eine Stunde vor. Erst jetzt ist der
Deutsche Herbst wirklich vorbei. **24. April 1980** — Seit
172 Tagen schon sind 52 amerikanische Mitarbeiter der
US-Botschaft in Teheran in der Hand islamistischer Entführer. Die neue iranische Führung unter Ayatollah Cho-
meini rührt keinen Finger zu ihrer Rettung. Nun sollen
sie in einer großangelegten und minutiös geplanten Mi-
litäraktion befreit werden. Ohne jedoch auch nur in die
Nähe Teherans oder iranischer Truppen zu gelangen, verlieren die Amerikaner durch eine bemerkenswerte Verket-
tung von Sandstürmen, Pech, Unfällen und Dilettantismus
acht Soldaten, fünf voll einsatzfähige Transporthubschrau-
ber und die streng geheimen Pläne zur Durchführung der
Mission. Carterstimmung in den USA. **18. Mai 1980** — Love
will tear us apart: Aus Trauer über den Selbstmord von Joy-
Division-Sänger Ian Curtis sprengt sich der Vulkan Mount
St. Helens im Bundesstaat Washington selbst in die Luft.
2. Juni 1980 — Endlich können die Jungs mit den dicken
Brillengläsern, die einmal Nerds heißen werden, etwas
besser als ihre Klassenkameraden, die schon an Mädchen
herumschrauben: Rubiks Zauberwürfel kommt auf den

Markt. **17. September 1980** — Seit heute kommt die Erde nicht mehr hinterher damit, freiwerdende Schadstoffe zu absorbieren und ausreichend Rohstoffe zu reproduzieren. Wirtschaftsführer weltweit fordern den Planeten daraufhin auf, «sich nicht so anzustellen». Der Mensch vergeht im Anthropozän. **23. September 1980** — Pittsburgh, USA. Bob Marley gibt im Benedum Center sein letztes Konzert. Zu diesem traurigen Anlass ein kleiner Witz: Was sagt ein Reggae-Fan, wenn das Gras aus ist? «Mach mal die Scheißmusik aus!» **11. Oktober 1980** — Immerhin: Elvis lebt – er arbeitet laut «Kölner Stadtanzeiger» als Top-Geheimagent der US-Regierung. **4. November 1980** — Der Mann holt ein Glas mit der Aufschrift «Erdbeer-Rhabarber 1980» aus dem Keller und frühstückt mit seiner Frau. **4. Dezember 1980** — Nun haben Sie lange genug gewartet, wir verraten es Ihnen: Stanislawa Walasiewicz, die Olympiasiegerin von 1932, wird, als sie in Cleveland, Ohio, zufällig in einen bewaffneten Raubüberfall gerät, erschossen. Bei ihrer Obduktion werden an ihrem Körper männliche Geschlechtsorgane entdeckt. **6. Dezember 1980** — Im Bundesverteidigungsministerium bemerkt man, dass für die Fertigstellung des Kampfflugzeugs Tornado 1,3 Milliarden Mark fehlen. Genialer Plan: Das Geld soll mit Hilfe unbemannter Drohnen aufgespürt werden.

20. Januar 1981 — Weil die USA im Gegenzug eingefrorene iranische Konten wieder freigeben, werden nach 444 Tagen die 52 US-Geiseln aus dem Iran ausgeflogen und auf eine Airbase nach Wiesbaden gebracht. Dort begrüßt sie Jimmy Carter, der seit wenigen Stunden nicht mehr im Amt ist. Die Wahl hat er auch wegen dieser Geiseln und des völlig missglückten Befreiungsversuchs verloren gegen Reagan, den Anpacker, das Großmaul. Naiver Gedanke, den wir sonst bei keinem US-Präsidenten hätten: Vielleicht sind Carter die Leben der Menschen wichtiger als das Amt. **28. Februar 1981** — Endlich können deutsche Polizisten einmal nachspielen, was sie in «Apocalypse Now» gesehen haben. Hubschrauberpiloten fliegen nur wenige Meter über den Köpfen von Demonstranten, die ihren Unmut gegen das geplante AKW Brokdorf zeigen, und lösen so eine Panik unter den Protestierenden aus. Der Einsatz von Maschinengewehren, Entlaubungsmitteln und Wagner bleibt leider untersagt. **3. März 1981** — England. Der Yorkshire Ripper treibt sei Unwesen. Aber keine Angst, liebe Terrier: Er tötet Frauen. **5. Juni 1981** — Der amerikanische Immunologe Michael S. Gottlieb veröffentlicht einen Artikel im «Morbidity and Mortality Weekly Report». Darin berichtet er über das merkwürdige Krankheitsbild einer Handvoll junger homosexueller Männer aus Kalifornien, die an einer seltenen Form der Lungenentzündung leiden und sich zudem mit einem Herpesvirus infiziert haben, der für einen gesunden Menschen kaum schädlich ist, hier aber tödlich wirkt. Gottlieb identifiziert eine Immunschwächeerkrankung, für die er noch keinen Namen hat. **20. Juli 1981** — Rolf Wütherich, der den Autounfall überlebt hat, bei dem James Dean starb, stirbt bei einem Autounfall. **29. Juli 1981** — In der Londoner St. Paul's Cathedral heiratet Prinz Charles Diana Spencer. Sie sieht die Zeremonie wie durch einen Tunnel. **11. September 1981** — Der 13-jährige Mohammed Atta wirft in Kairo einen Papierflieger gegen ein Haus. **30. September 1981** — Der Mann holt ein Glas mit der Aufschrift

«Erdbeer-Rhabarber 1981» aus dem Keller und frühstückt mit seiner Frau. **12. November 1981** — Leipzig. Ein Betrunkener spricht in einer Kneipe einen Unbekannten an: «Kennst du den Unterschied zwischen meinem Bier und Honecker?» Der Unbekannte verneint. «Mein Bier ist flüssig, und Honecker ist überflüssig.» Sagt der Unbekannte: «Ich habe auch mal eine Frage. Kennen Sie den Unterschied zwischen Ihrem Bier und Ihnen selbst?» – «Nein.» – «Ihr Bier bleibt hier, und Sie kommen mit.» **1. Dezember 1981** — Die von Michael S. Gottlieb entdeckte Immunschwächeerkrankung wird als eigenständige Krankheit anerkannt. Die Namenssuche beginnt. **13. Dezember 1981** — Großer Auftritt für die Spitzel der Staatssicherheit, heute müssen sie Theater spielen. Um einen Eklat wie 1970 zu vermeiden, als Willy Brandt in Erfurt von der Bevölkerung mit «Willy, Willy»-Sprechchören gefeiert worden war, werden während des Besuchs von Helmut Schmidt und Erich Honecker die Bewohner der Güstrower Innenstadt zu Hause festgesetzt und durch fast 5000 Mitarbeiter der Stasi ersetzt, die Honecker auf einem Weihnachtsmarkt spontan hochleben lassen. Doch wegen Lampenfiebers kommt es auch zu Pannen. Als ein Stasi-Mann von einem misstrauischen Westreporter gefragt wird, ob er denn Güstrower sei, antwortet er kurz angebunden: «Ich bin im Dienst.»

17. Februar 1982 — In der amerikanischen Presse bekommt die von Michael S. Gottlieb entdeckte Immunschwächeerkrankung den Namen «GRID», eine Abkürzung für Gay-related Immune Deficiency. Manche nennen sie auch einfach «The Gay Plague» – die Schwulenseuche. **23. Fe-**

bruar 1982 — Grönland tritt nach einer Volksabstimmung aus der Europäischen Gemeinschaft aus. Die Eskimos haben 100 Wörter für Schnee, aber keines für Bürokratie. **2. März 1982** — Regen in Wuppertal. Und bei Ihnen so? **23. März 1982** — Die US-Gesundheitsbehörde gibt der von Michael S. Gottlieb entdeckten Immunschwäche den Namen «4H-Disease»: Die vier H stehen für Haitianer, Homosexuelle, Heroinsüchtige und Hämophile.

> **«Vielleicht ist das die**
> **Lustseuche des 20. Jahrhunderts,**
> **nur nicht so harmlos.**
> **Für die Homosexuellen hat der Herr**
> **immer eine Peitsche bereit.»**
>
> — *Der Bakteriologe Professor Franz Fehrenbach im «Spiegel»*

12. Mai 1982 — Genau ein Jahr nachdem der türkische Rechtsextremist Ali Agca versucht hat, ihn zu erschießen, pilgert Papst Johannes Paul II. ins portugiesische Fátima. Er möchte sich bei der dortigen Madonna für sein Überleben bedanken. Eine «mütterliche Hand» habe die Kugeln geleitet und es ihm ermöglicht, «auf der Schwelle des Todes» innezuhalten. Das inzwischen vergoldete Projektil, das in einer mehrstündigen Operation aus seinem Unterleib entfernt worden ist, bringt er der Madonna als Geschenk. Noch am selben Tag versucht der katholische Priester Joan Fernandez Krohn, ihn mit einem Bajonett zu attackieren. Der Papst bleibt unverletzt. Die Madonna lächelt geheimnisvoll. **29. Mai 1982** — Der Franz! Die Sissi! Die Diva! Die Hure! Die Depressionen! Die Sucht! Der Sohn! Das Herz! Der Tod! Eine Prinzessin, kein Märchen. **10. Juni 1982** — München. Rainer Werner Fassbinder muss mit dem Leben bezahlen und gibt kein Trinkgeld. **3. Juli 1982** — Joseph Beuys zerstört sein Lebenswerk durch den Popsong «Sonne statt Reagan», in dem es unter anderem heißt: «Dieser Reagan kommt als Mann der Rüstungsindustrie/But the peoples of the States don't want it – nie!» **27. Juli 1982** — Wenige Tage nachdem auch in Deutschland der erste Fall der von Michael S. Gottlieb entdeckten Krankheit bekannt wird, bekommt sie ihren endgültigen Namen: Auf einer Konferenz einigt man sich auf die Bezeichnung «Acquired Immune Deficiency Syndrome» und die Abkürzung AIDS. 30 Jahre später werden weltweit etwa 33 Millionen Menschen infiziert sein, davon 2,5 Millionen Kinder. **26. August 1982** — In Oberbayern stürzt der 250. Starfighter ab. Der fällige Blumenstrauß... ach, lassen wir das. **19. September 1982** — Ohne auch nur erahnen zu können, was er damit anrichtet, nagelt der Informatiker Scott E. Fahlman in einem Diskussionsforum des sogenannten Arpanets folgenden Hinweis fest: Um Missverständnisse zu vermeiden, sind Witze im Web ab sofort mit der Zeichenabfolge :-) zu kennzeichnen. Fixiert wird damit auch das Humorniveau jeder zukünftigen Online-Diskussion. Immerhin ist Fahlman konsequent genug, das Gegenstück gleich mitzuliefern. :-(**20. September 1982** — ;-) **1. Oktober 1982** — Schon vor seiner letzten Rede als Kanzler im Bundestag ist irgendetwas anders. Plötzlich muss Helmut Schmidt, an dem Myriaden von Zigaretten bislang spurlos vorübergegangen sind, husten. Ein paar Stunden später ist er gestürzt, verraten von Genscher und seiner FDP, die sich der Union zugewandt haben und nun auf die geistig-moralische Wende hoffen. Vor dem Bundeshaus warten besoffene Mitglieder der Jungen Union. Sie prosten sich zu und rufen: «Auf Kohl, auf Kohl, auf Kohl, zum Wohl!» **2. Oktober 1982** — «Bundeskanzlerhelmutkohl» **3. Oktober 1982** — Der Mann holt ein Glas mit der Aufschrift «Erdbeer-Rhabarber 1982» aus dem Keller und frühstückt mit seiner Frau. **30. November 1982** — Wenn die Erde eine Scheibe ist, dann diese: «Thriller» von Michael Jackson. Ab heute im Handel. **4. Dezember 1982** — Der Computer wird vom «TIME Magazine» zum Mann des Jahres gekürt.

5. März 1983 — Bis zum Ende des Jahres liefern die USA 72 Kampfhubschrauber der Hersteller Bell und Hughes an den Irak. Für zivile Zwecke. **6. März 1983** — «Schritt für Schritt ins Paradies». Zu Ihrer freien Verwendung im Folgenden ein Statement von Claudia Roth, Managerin der Band «Ton, Steine, Scherben», zum heutigen Einzug der Partei DIE GRÜNEN in den Deutschen Bundestag. **6. Juni 1983** — Hannover. Ein 27-Jähriger wird nachts um halb drei von der Polizei angehalten. Er dürfe nicht weiterfahren, sein Liebeskummer sei zu stark. **21. Juli 1983** — In den USA wird die erste intelligente Rakete fertiggestellt. Als sie jedoch sagt: «Ich flieg doch nicht für euch Arschlöcher durch die Gegend und mache Häuser von Leuten kaputt, die ich gar nicht kenne!», wird sie umgehend beurlaubt. **21. September 1983** — Der Mann holt ein Glas mit der Aufschrift «Erdbeer-Rhabarber 1983» aus dem Keller und frühstückt mit seiner Frau. **22. Oktober 1983** — Bonn. 500 000 Menschen demonstrieren im Hofgarten gegen den NATO-Doppelbeschluss. Ein Achtjähriger in Latzhose gerät über die Verweigerung einer Coca-Cola derart in Rage, dass er gegen seine Latzhosen tragenden Eltern zum Vernichtungsschlag ausholt: «Und übrigens», bebt er, «den Reagan find' ich gut!» **28. Oktober 1983** — Der Psychiater Per Olav Næss schreibt bereits den zweiten Brief an die norwegische Kinderschutzbehörde, um den vierjährigen Anders Breivik in einer Pflegefamilie unterbringen zu lassen. Bei seiner alleinerziehenden, überforderten Mutter drohe der Junge schweren psychischen Schaden zu nehmen. Der Brief wird abgeheftet und erst 28 Jahre später wieder gelesen. **22. November 1983** — Dietmar Kansy vergleicht Otto Schily mit Goebbels. **31. Dezember 1983** — Prost, George Orwell! 1984 wird dein Jahr!

> ## «If you want a picture of the future, imagine a boot stamping on a human face – forever.»
> — *George Orwell, «1984»*

1. Januar 1984 — PKS, der Vorgänger von Sat.1, geht als erster Privatsender in Deutschland auf Sendung. Merkwürdigerweise weder mit Werbung noch mit einem Filmfilm, sondern mit einer Nachrichtensendung aus der FAZ-Redaktion, gefolgt von der Feuerwerksmusik von Georg Friedrich Händel. Ist das Privatfernsehen vielleicht gar nicht so schlimm wie befürchtet? **2. Januar 1984** — Doch: RTL geht auf Sendung. **14. Februar 1984** — Haben Sie es nicht auch noch im Ohr? Sarajevooooooooouuuuuoooooo!

Der Ruf von Vucko, dem Wolf, Maskottchen der Olympischen Winterspiele, schallt über den Globus. Er erinnert an den Ruf eines Muezzins und damit daran, dass in Sarajevo alle Völker, Ethnien und Religionen Jugoslawiens friedlich zusammenleben. In zwanzig Jahren unvorstellbar: Die Welt hat keine Angst vor einem muslimischen Stofftier. **5. Mai 1984** — Der Aegyptopithecus zeuxis, gemeinsamer Vorfahre von Affe und Mensch, wird bei Kairo gefunden. Es geht ihm den Umständen entsprechend gut. **12. Juli 1984** — Elvis lebt – er schwimmt in einem Freibad in Kassel acht Bahnen Brust, wird aber nicht erkannt, wahrscheinlich wegen der nassen Haare.

«Meine amerikanischen Mitbürger, ich bin erfreut, Ihnen heute mitteilen zu können, dass ich ein Gesetz unterzeichnet habe, welches Russland für immer für vogelfrei erklärt. Wir beginnen mit der Bombardierung in fünf Minuten.»

— *US-Präsident Ronald Reagan bei einem Mikrophontest*
für seine wöchentliche Radioansprache

28. August 1984 — Josef Fritzl geht mit seiner 18-jährigen Tochter in den Keller. Er vielleicht zum Lachen, wer weiß es, sie zum Weinen, 24 Jahre lang, bis es keine Tränen mehr gibt. Sieben Kinder wird sie von ihrem eigenen Vater bekommen, ehe sie die Sonne wiedersieht. Auf dem Weg zurück aus dem unterirdischen, schallisolierten Verlies nimmt Fritzl ein Glas mit der Aufschrift «Erdbeer-Rhabarber 1983» aus dem Regal, hinter dem sich der geheime Eingang verbirgt, geht dann langsam nach oben und frühstückt mit seiner Frau, die von alledem nichts weiß. **20. Dezember 1984** — Johnny Weissmüller wird in Acapulco, Mexiko, beigesetzt. Beim Absenken seines Sarges in die Erde ertönte auf Wunsch seiner Frau Maria Baumann Tarzans Dschungelschrei. Der Schimpanse Cheeta muss von anderen Trauergästen gestützt werden. **31. Dezember 1984** — Ja gut, Modern Talking, Bon Jovi und New Kids on the Block wurden gegründet und Reagan wiedergewählt, aber verglichen mit dem, was Orwell zu wissen meinte, war das Jahr doch ganz okay.

11. Februar 1985 — Was man so zueinander sagt (Textbeispiel 3) A: «Papa, die anderen Kinder haben gesagt, dass Hitler schwule Männer verhaftet hat, obwohl er selbst schwul war. Stimmt das?» — B: «Ich weiß nicht. Wenn die anderen Kinder das sagen, wird es schon stimmen.» **4. März 1985** — Kunden, die dieses Buch gekauft haben, kauften auch: Opus. «Live is Life». Ab heute im Handel. Na Na Nana Na. **5. März 1985** — Na Na Nana Na. **12. Mai 1985** — Willy Brandt vergleicht Heiner Geißler mit Goebbels.

> **«Sie sollten sich schämen,**
> **hier eine solche**
> **Aufführung zu machen!**
> **Das zeigt doch, dass**
> **Sie die Nerven verlieren ...»**
>
> — *Helmut Kohl zu Willy Brandt*

13. Mai 1985 — Na Na Nana Na. **30. Mai 1985** — Das Neueste aus der Forschung: Eine Vierjährige reist nahe Leeds
eine Sekunde in die Zukunft. **7. Juli 1985** — Der erst 17-jäh-
rige Leimener Boris Becker gewinnt das Finale von Wimbledon. Und die «Washington Post» schreibt: «Vielleicht
war er zu jung, um zu wissen, dass er zu jung war.»

**Calvin: «They say the world is a stage.
But obviously the play is unrehearsed and
everybody is ad-libbing his lines.»
Hobbes: «Maybe that's why it's hard to tell
if we're living in a tragedy or a farce.»
Calvin: «We need more special effects and
dance numbers.»**

— Calvin & Hobbes, «There's Treasure Everywhere»

31. Dezember 1985 — In seiner Neujahrsansprache wünscht
Bundeskanzler Helmut Kohl den Bürgerinnen und Bürgern «ein friedvolles und glückliches Jahr 1986». Er trägt
ein blaues Jackett mit blau-grau quergestreifter Krawatte.

3. Januar 1986 — Die erste westliche Band, die ihre Alben
offiziell in der Sowjetunion verkaufen darf, ist Modern Talking. Atlantis is calling. **11. Januar 1986** — Die Geschichte
muss neu geschrieben werden: «Die Geschichte». **28. Januar 1986** — Was man so zueinander sagt (Textbeispiel 4)
A: «All right.» — B: «Here we go.» — A: «Hot.» — B: «Go,
you mother.» — A: «There's Mach 1. Feel that mother
go.» – [...] — A: «Uh oh...» – *73 Sekunden nach dem Start*

zerbricht die Raumfähre «Challenger», die gesamte Besatzung kommt ums Leben. **12. März 1986** — «Wir woll'n unser'n alten Kaiser Wilhelm wiederham!», singt Opa nun also auf der Feier anlässlich seines 80. Geburtstags. Eine halbzerkaute Erbse fliegt aus seinem zahnlosen Mund auf den Teppich, dann nickt Opa ein, der Speichel läuft ihm aufs Revers. Und erst als der Nachtisch serviert wird, Eis mit heißen Himbeeren, und die zwischenzeitlich verstummten Gespräche über dies und das wieder aufgenommen werden, ist das Ende der Monarchie wirklich besiegelt. Herzlichen Glückwunsch, Opa. Bleib, wie du bist. **17. April 1986** — Endlich: Der Big Mac kommt auf den Index. Nein, doch nicht, alles falsch verstanden: Der Big Mac wird zum Index. Kaum zu glauben, aber ja, die Welt, unterteilt in Reich und Arm, sie wird jetzt mit Burgern vermessen. He, Weltgeist! Du hast da was zwischen den Zähnen. **26. April 1986** — Tschernobyl – das ist die längste Zeit die ukrainische Bezeichnung für die Pflanzenart Beifuß gewesen. Ab heute ist es die weltweite Bezeichnung für die Angst vor dem Ende. **27. April 1986** — Fallout in Wuppertal. **5. Mai 1986** — Der 5. Mai 1986! Endlich! Warum erst jetzt? **6. Juli 1986** — An seinem 40. Geburtstag schwört er dem Alkohol ab und wendet sich Jesus zu. Bald wird George W. Bush, nun gläubiger Christ, wiedergeboren. Als George W. Bush. Schade. Viel Glück beim nächsten Mal, George. **21. Juli 1986** — In einer lauen Sommernacht im Himalaya begegnen sich Reinhold Messner und der Yeti gleich zweimal und erstarren jeweils vor Schreck. Während Messner in der Folge alles daransetzt, das Geheimnis des Schneemenschen aufzuklären, und zu dem Schluss kommt, es handele sich dabei um den tibetischen Braunbären, glaubt

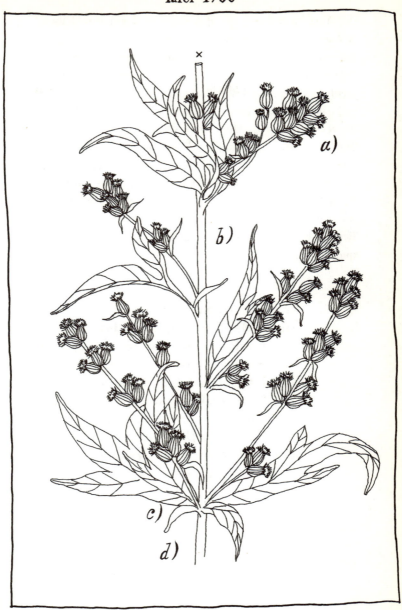

a)

b)

c)

d)

der Yeti hinterher, sich alles nur eingebildet zu haben.
3. August 1986 — Helmut Kohl vergleicht Michail Gorbatschow mit Goebbels. **3. September 1986** — Die ARD bringt einen Bericht aus einer deutschen Kleingartensiedlung. Die Bewohner sind gezwungen, ihr durch den radioaktiv verseuchten Regen kontaminiertes Gemüse zu vernichten. Nur einer widersetzt sich. «Tschernobyl? Mir doch egal», sagt der Alte, die Zigarre im Mundwinkel, einen riesigen Kohlkopf in die Kamera haltend. «Das Atom koch' ich einfach ab!» **31. Dezember 1986** — In seiner Neujahrsansprache wünscht Bundeskanzler Helmut Kohl den Bürgerinnen und Bürgern «ein friedvolles und glückliches Jahr 1986». Er trägt ein blaues Jackett mit blau-grau quergestreifter Krawatte.

**«Durch ein Versehen
ist die Neujahrsansprache des
Bundeskanzlers heute
Abend verwechselt worden.
Die ARD entschuldigt sich dafür!
Die korrekte Fassung
wird morgen, am Neujahrstag,
um 20.05 Uhr, nach
der Tagesschau ausgestrahlt.»**

— Einblendung nach der Neujahrsansprache

1. Januar 1987 — Es wird das Jahr der Reagan-Reden, und es beginnt umgehend. Auf «Radio Moskau» hält der US-Präsident eine Neujahrsansprache an das sowjeti-

sche Volk und erklärt ihm mit der Geduld eines Sonder-
schullehrers, wer er ist, wo er lebt und was er beruflich
so macht. Als er den Fremden auf der anderen Seite der
Welt schließlich auch noch Weihnachten und Chanukka
begreiflich machen will und ins Erzählen kommt, von den
Familien, die sich versammeln, von Kirchen und Synago-
gen, Geschenken und Gebeten, von Gänsen, Truthähnen
und Roastbeef, da beginnt es in den Herzen der Russen
zu schneien. Reagan trägt dabei ein anthrazitfarbenes Jackett und eine violette Krawatte. Was an Weihnachten in
Moscheen so los ist, erwähnt er leider nicht. **22. Januar
1987** — So sieht es also tatsächlich aus, wenn sich jemand
mit einem Colt durch den Mund in den Kopf schießt: Erst
sprühen feine Blutstropfen an die Decke, im nächsten Moment ergießt sich Blut sturzbachartig aus der Nase über
den inzwischen zusammengesackten Körper, vereint sich
einen Augenblick später mit noch mehr Blut, das an den
geöffneten Augen vorbei aus der Austrittswunde am Kopf
strömt, während der Tote Millimeter für Millimeter weiter
in sich zusammenfällt. Demonstriert hat dies soeben vor
laufenden Fernsehkameras auf einer von ihm eigens ein-
berufenen Pressekonferenz Budd Dwyer, oberster Finanz-
beamter des US-Staates Pennsylvania und der Annahme
von 300 000 Dollar Schmiergeld für schuldig befunden,
wofür ihm 55 Jahre Haft drohen, für den 47-Jährigen fak-
tisch lebenslang. In Los Angeles macht sich der 23-jährige
Trash-Regisseur Quentin Tarantino während der Abend-
nachrichten eifrig Notizen. **2. Februar 1987** — Ein bisschen Spasmus Sein. **4. April 1987** — Glasgow, Schottland.
In dieser Sekunde verliebt sich ein Sodomist in einen zufällig vorbeilaufenden Hund. **28. Mai 1987** — Moskau. Um

18.15 Uhr landet der 18-jährige Hobbyflieger Mathias Rust, von Hamburg über Island, Norwegen und Finnland kommend, seine Cessna 172 P auf der Großen Moskwa-Brücke unweit des Roten Platzes. Er habe dies für den Weltfrieden getan, so Rust. Und zum Spaß. **12. Juni 1987** — Reagan hat auf seiner Abschiedstour Berlin erreicht und ist in Topform. «Mr. Gorbatschow, open this gate», ruft er und zieht seine rhetorische Redepause so in die Länge, dass dem enthusiastisch klatschenden Helmut Kohl fast die Arme abfallen: «Mr. Gorbatschow, tear down this wall.» Der hat gut reden. Gorbatschow würde die Mauer ja gerne einreißen, aber er findet den Hammer nicht, nur die Sichel, und damit geht es nicht, das hat er jetzt von seiner Perestroika, nichts findet man wieder. **1. August 1987** — Ein japanischer Wissenschaftler erfindet einen Impfstoff gegen den Tod, erzählt es aber erst mal niemandem, bis er weitere Untersuchungen durchgeführt hat. **2. August 1987** — Ein japanischer Wissenschaftler wird auf dem Weg zur Arbeit von einem Auto erfasst und stirbt noch an der Unfallstelle.

«Volksgeißel Tod: Müssen wir alle sterben?»

— «Titanic»

16. September 1987 — Das Montrealer Abkommen soll das Ozonloch schließen. Doch schon auf dem Heimweg kommt den Experten der quälende Gedanke, dass sich Abkommen als dafür vollkommen ungeeignet herausstellen könnten. **10. Oktober 1987** — In Genf lässt jemand eine

Badewanne ein. Ehrenwort! **23. Dezember 1987** — Lars und Meike, die 14 und 16 Jahre alten Kinder des Drogeriekönigs Anton Schlecker, werden aus der Familienvilla in Ehingen entführt. Die Täter fordern 20 Millionen Mark Lösegeld, haben die Rechnung aber ohne den hundertfachen Millionär Schlecker gemacht, der die Kriminellen auf 9,6 Millionen Mark herunterhandelt, exakt die Summe, über die er gegen Entführungen versichert ist. Man kann's ja mal probieren. Und damit herzlich willkommen in der Familie Schlecker, einer Art Buddenbrooks unserer Zeit, mit dem Unterschied, dass hier eine Familie lediglich moralisch verfällt, ein Unternehmen hingegen ganz. Viel Spaß dabei. **28. Dezember 1987** — Die Passagiere hören den Streit im Cockpit, offenbar soll die kleine Maschine nach Minsk ausweichen, doch Franz Josef Strauß, der Pilot, röhrt nur «Koa Benzin», dann ist Ruhe. Mit dabei auf dem Flug nach Moskau, wo sich die Bayern endlich den neuen starken Mann, den Gorbatschow Michel, anschauen wollen, sind auch Edmund Stoiber und Theo Waigel. Sie vertrauen auf Gott, und sie vertrauen auf Strauß, und beides ist in diesem Moment weniger denn je voneinander zu unterscheiden. Und tatsächlich landet Strauß (oder Gott) die Cessna mühelos auf dem von Eis und Schnee überzogenen Moskauer Flughafen, von der Witterung genauso unbeeindruckt wie von diplomatischen Gepflogenheiten, als er kurz darauf dem Generalsekretär der KPdSU gegenübersteht. Ob dies sein erster Besuch in Russland sei, fragt Gorbatschow. «Nein, aber das erste Mal bin ich nur bis Stalingrad gekommen», erwidert Strauß. Und in genau diesem Moment friert Edmund Stoiber für die nächsten zwanzig Jahre sein Wahlkampfgrinsen im Gesicht ein.

1. Januar 1988 — Für jene unter Ihnen, liebe Leser, denen die kulinarische Seite dieses Jahrhunderts am Herzen liegt, berichten wir ab jetzt immer mal wieder aus dem Deidesheimer Hof, jenem Restaurant an der Weinstraße, das Helmut Kohl zu seinem zweiten Zuhause gemacht hat, zu einer Art Regierungssitz mit Speisekarte. Hier wird in den kommenden drei Jahren Weltpolitik gemacht. Heute aber, Kanzlerbesuch, gibt es im Deidesheimer Hof erst einmal Saumagen. Eben das, was den Kohl fett macht. **2. März 1988** — Opa erzählt nicht vom Krieg. **9. März 1988** — Der Spielfilm «Ödipussi» von Loriot kommt in die Kinos. Edmund Stoibers Versuche, seine Frau Karin, Spitzname «Muschi», fortan «Edipussi» zu rufen, scheitern am Widerstand der Gattin. **16. März 1988** — Mehr als 5000 Menschen sterben bei einem Giftgasangriff auf die kurdische Stadt Halabdscha. Das irakische Militär setzt dabei unter anderem Helikopter der Hersteller Bell und Hughes ein, geliefert 1983 von den USA, für zivile Zwecke.

> **«Wir waren nicht naiv.**
> **Wir wussten, dass Saddam**
> **ein Schurke war,**
> **aber er war unser Schurke.»**
>
> — *Geoffrey Kemp, Mittelostexperte*
> *der Regierung Reagan*

25. Mai 1988 — Im Berliner Kaufhaus des Westens lässt ein Erpresser nachts einen Sprengsatz detonieren. Vom Hertie-Konzern, dem das KaDeWe gehört, fordert er eine halbe Million Mark. Hertie zahlt explosionsartig. **16. August 1988** — Gladbeck, Bremen, Niederlande, Wuppertal, Köln, Bad Honnef: die Autobahn in die Hölle. Die Bankräuber Dieter Degowski und Hans-Jürgen Rösner nehmen in den kommenden 54 Stunden etliche Geiseln, rasen ziellos umher, kaufen zehn Frikadellen, ein Kotelett, ein Grillhähnchen und eine Lederjacke mit der Aufschrift «Commander», konsumieren Schlaftabletten und Alkohol, bestellen «Frühstück für alle», besuchen den Kölner Dom, kapern einen Linienbus, erschießen den 15-jährigen Emanuele De Giorgi und die 18-jährige Silke Bischoff, geben den servilen Reportern Interviews vor laufender Kamera, und diese revanchieren sich mit frischem Kaffee. Die Einschaltquote entspricht der eines WM-Endspiels, ganz Deutschland sitzt auf dem Sofa und unterwirft sich mit wohligem Kribbeln der Tyrannei zweier Wahnsinniger. Es ist ja nur Fernsehen.

**«Bei der Berichterstattung
über Gewalttaten
lässt die Presse sich nicht
zum Werkzeug von
Verbrechern machen.»**

— *Pressekodex, Ziffer 11*

**«Es waren nicht nur Journalisten,
die den Geiselnehmern Kaffee gebracht
haben, sondern auch Passanten.»**

— *Ulrich Deppendorf*

«Wir haben mit dem Leben abgeschlossen. Vor allem mein Kumpel ist brandgefährlich. Ich scheiß auf mein Leben.»

— *Hans-Jürgen Rösner*

«WARUM ICH?»

— *Silke Bischoff*

«Dat is mir uninteressant. Ich setz ja mein Leben auch auf dat Spiel.»

— *Dieter Degowski*

28. August 1988 — Auf der Ramstein Air Base findet eine Flugschau der italienischen Formation «Frecce Tricolori» statt. Um 15.44 Uhr kollidieren drei der zehn beteiligten Flugzeuge, eines davon stürzt direkt vor der Zuschauermenge zu Boden. 70 Menschen sterben in einem Meer aus brennendem Kerosin. Das Letzte, was sie sahen, war eine Flugfigur mit der Bezeichnung «das durchstoßene Herz». Ihre Hinterbliebenen werden finanziell entschädigt. **23. September 1988** — Die Venus vom Galgenberg, eine vor 32 000 Jahren entstandene Figurine, wird in Österreich ausgegraben. Schlimm für Fips Asmussen: Damit sind seine Witze nicht mehr die ältesten Artefakte der

Welt. **24. September 1988** — «Guter Start von Johnson, wo bleibt Lewis? Johnson vorne, Johnson vorne, Lewis muss kommen, und Johnson gewinnt! Neun Komma sieben neun Sekunden, neuer Weltrekord für Ben Johnson. Ein phantastischer Lauf, er hat uns alle geleimt, er hat uns alle an der Nase herumgeführt, und jetzt lächelt er, als ob das alles nichts gewesen wäre, das darf ja wohl nicht wahr sein.» (Gerd Rubenbauer) **8. Oktober 1988** — «Noch einmal Abschied von Franz Josef Strauß», beginnt in der Tagesschau der Bericht zur Beerdigung des bayrischen Urviechs, und ein wenig, so scheint es, ist der Sprecher genervt von diesem nun schon fünf Tage andauernden Nekrolysium. Doch noch immer trauern tränenreich die Frauen am Viktualienmarkt und die Aktenfresser in der Staatskanzlei, auch die Kinder in Bayerns Schulen heulen, wenngleich womöglich mit Hintergedanken: Wer die Beisetzung im Fernsehen verfolgen möchte, kann sich vom Unterricht befreien lassen.

«Wie eine Eiche ist er vor uns gestanden, kraftvoll, lebendig, unverwüstlich, so schien es, und wie eine Eiche ist er gefällt worden.»

— *Kurienkardinal Josef Ratzinger*
in der Totenpredigt für Franz Josef Strauß

23. November 1988 — Der seit 1962 auf Robben Island inhaftierte Nelson Mandela wird für seinen Kampf gegen das südafrikanische Apartheid-Regime von der US-amerikanischen Regierung unter Ronald Reagan auf einer Beobachtungsliste als «Terrorist» eingestuft. **1. Dezember 1988** — Kinder, hier ist was los! Mehr dazu nach der nächsten Maus. **2. Dezember 1988** — Maus. **3. Dezember 1988** — David Hasselhoff («Knight Rider») und Klaus Meine («Scorpions») beschließen, gemeinsam die Berliner Mauer zu Fall zu bringen.

> ## «Es ist gelogen, dass Videogames Kids beeinflussen. Hätte Pac Man das getan, würden wir heute durch dunkle Räume irren, Pillen fressen und elektronische Musik hören.»
> — *Christian Wilson, Mitarbeiter des Spieleherstellers Nintendo*

8. Dezember 1988 — Die bedrohte Erde wird vom «TIME Magazine» zum Mann des Jahres gekürt.

4. Januar 1989 — Was man so zueinander sagt (Textbeispiel 5). A: «Seine Waschkraft macht ihn so ergiebig.» — B: «Sie baden gerade Ihre Hände drin.» — C: «Ich nehm jetzt 'ne Aspirin, und dann geht es mir schon wieder gut.» **20. März 1989** — Hans-Joachim Kulenkampff vergleicht Heiner Geißler mit Goebbels.

> ## «Das war eine Verwechslung. Ich hatte Herrn Stoiber gemeint.»
> — *Hans-Joachim Kulenkampff*

15. April 1989 — Und hier die Fußballergebnisse vom Wochenende: Werder Bremen–Stuttgarter Kickers 4:0 — Borussia Dortmund–Bayern München 1:1—Hamburger SV–
1. FC Nürnberg 3:2 — Karlsruher SC–Eintracht Frankfurt
1:3 — Bayer Leverkusen–1. FC Köln 0:0 — Borussia Mönchengladbach–FC St. Pauli 2:2 — FC Liverpool–Nottingham Forest 96 Tote. **30. April 1989** — Im Deidesheimer Hof empfängt Helmut Kohl die britische Premierministerin Margaret Thatcher zu Abrüstungsgesprächen. Kohls Strategie fußt dabei auf drei wesentlichen Punkten: Saumagen, Leberknödel und Bratwurst. Die sogenannte Pfälzer Dreifaltigkeit soll die wenig kompromissbereite Thatcher bekehren. Doch es reicht ein Blick der Eisernen Lady, um Fleisch und Stimmung gleichermaßen abkühlen zu lassen. «Eiskalt», sagt Kohl hinterher über Thatcher. Lässt sich aber trotzdem noch was einpacken. Für den Weg. Nach Europa. **5. Juni 1989** — Peking. Die Welt hält den Atem an: Mit zwei Einkaufstaschen in den Händen steht ein Mann vor einem Panzer, der eine lange Reihe weiterer Panzer anführt. Das Gefährt will ihm ausweichen, doch der Mann geht die Bewegungen mit. Springt der T-59 auch nur einen Meter nach vorn, ist er tot. Doch der Panzer bleibt stehen, aufgehalten von einem Unbewaffneten, der ihn nun sogar besteigt und mit der Besatzung diskutiert. Dann wird er weggeführt, von wem, bleibt unklar. Wer der Unbekannte war, ob er verhaftet, exekutiert wurde oder untertauchen konnte, wird nie herauskommen. Die Welt kennt ihn nur als «Tank Man». **6. Juni 1989** — Im englischen Magazin «Deadline» erscheint die Comicreihe «Tank Girl», sie handelt von einer Art postapokalytischer Punk-Amazone mit allerdings zwei Brüsten, die ungeniert über ihre

mangelnde Hygiene und den Fischgeruch während ihrer Menstruation plaudert. Die Welt hält den Atem an. **3. Juli 1989** — Elvis lebt – zwei britische Fans haben ihn soeben in der Londoner Holloway Road in London beim Sandwich-Kauf gesichtet. Auf ihre Frage: «Ist der King nicht tot?», antwortete der King ganz lässig: «Glaubt nicht daran, was die Leute erzählen!» Und schon ist er wieder weg. **8. Juli 1989** — Regen in Wimbledon. **9. Juli 1989** — Steffi Graf, die wegen des Regens erst heute antreten kann, und Boris Becker gewinnen innerhalb weniger Stunden ihre Wimbledon-Endspiele, können aber selbst von Paul Sahner nicht zu einer Spontanhochzeit überredet werden. Regen in der «Bunte»-Redaktion. **30. September 1989** — «Liebe Landsleute! Wir sind zu Ihnen gekommen, um Ihnen mitzuteilen, dass heute Ihre Ausreise ...», sagt Außenminister Hans-Dietrich Genscher auf dem Balkon der deutschen Botschaft in Prag, dann wird er von Jubelschreien unterbrochen. Und sein gelber Pullunder wünscht sich nichts sehnlicher, als dass er Ärmel hätte, die er jetzt um Genscher legen könnte. **15. Oktober 1989** — Erich Honecker fühlt sich vervolkt. **9. November 1989** — Anruf im ZK. Privatapparat von Günter Schabowski. Mal hören, wie es ihm geht, so kurz vor einer der wichtigsten Pressekonferenzen dieses Jahrhunderts. Freizeichen. «Schabowski!» – «Ja, Günter, wir sind's. Wann soll's denn losgehen?» Kurze Pause, Schabowski-Keuchen, er wirkt gehetzt, dann: «Also nach meiner Kenntnis, äh, sofort, unverzüglich.» **10. November 1989** — Die Mauer ist gefallen. Auch Opfer unter den Deutschen. **11. November 1989** — Berlin. Der erste Schwabe betritt, über die Bornholmer Brücke kommend, den Stadtteil Prenzlauer Berg und beginnt umgehend mit der Gentrifizierung. **23. November 1989** — Der Zivildienst-leistende Mathias Rust sticht im DRK-Krankenhaus Rissen mit einem Messer auf eine Schwesternschülerin ein, weil sie ihn nicht küssen will. Weltfrieden und Spaß spielen eine untergeordnete Rolle. **31. Dezember 1989** — Ach, hör mir auf mit den Achtzigern!

> **«Vielleicht ist die Nachkriegsperiode vorbei, aber jetzt beginnt wieder mindestens eine Vorkriegsperiode.»**
> — *Heiner Müller*

6. Januar 1990 — Erich Honecker, von Krenz und Mielke, die selbst schon wieder Geschichte sind, vom Hof gejagt, erfährt aus dem DDR-Fernsehen, dass er an Nierenkrebs leidet. Seine Ärzte hatten ihm im Vorjahr die Verdachts-diagnose verschwiegen, nun ist sie der Grund für eine Haftverschonung. **15. Januar 1990** — Ein letztes Mal sind die Spitzel über alles im Bilde. Als das Volk, das ihnen all die Jahre zur Fürsorge anvertraut war, die Zentrale des Ministeriums für Staatssicherheit in Berlin-Lichtenberg erreicht, sind die meisten Akten längst vernichtet, der Rest wird geschützt, indem die Beleuchtung, Pappschilder und Stasimitarbeiter in Zivil die aufgebrachten Demonstranten dezent zu Haus 18 lenken, dem Versorgungsgebäude. Statt ihrer Akten finden die Bürger dort kaum erhältliche Waren wie eingeschweißten Lachs, Roastbeef und Haifischflossen-suppe in Dosen, und manch einem stellt sich die Frage, was eigentlich schlimmer ist: systematisch ausspioniert zu werden oder einfach nur verarscht? **21. Januar 1990** — Sonntagabend. «Tutti Frutti» geht auf Sendung, die erste Stripshow der deutschen Fernsehgeschichte. Sofort verzeichnet die Taschentuch-Industrie rasante Zuwächse. Weil … na ja. Aber eben auch, weil in der Redaktion der Sendung «Das Wort zum Sonntag» eigentlich nur noch geheult wird. **30. Januar 1990** — Berlin. Erich Honecker wird nach der Entfernung eines Nierentumors aus der Charité entlassen und für wenige Stunden verhaftet. Nach seiner Freilassung stehen er und seine Frau Margot allerdings vor dem Problem, dass sie aus ihrer Wohnung geschmissen wurden, die Konten gesperrt und sie selbst obdachlos sind. Ein Pfarrer in Bernau nimmt sie für die nächsten zwei Monate auf und führt Honecker damit quälend vor Augen, wie dramatisch Vergebung sein kann: Acht der zehn Pastorenkinder waren in der DDR wegen des Berufs ihres Vaters nicht zum Abitur zugelassen worden. **11. Februar 1990** — Jetzt hat Harald Juhnke tatsächlich in die Bordtoilette gekotzt. Und noch 56 Kilometer bis zur nächsten Raststätte. Nein, danke, Herr Knopp, wir möchten nicht an deiner Polonaise teilnehmen. Freiheit ist das Einzige, was zählt. **3. März 1990** — Zusammenbruch des irreal existierenden Sozialismus: Unweit von Chemnitz verwirft ein Vierjähriger die Idee, er könnte seiner kleinen Schwester einen Keks abgeben. **4. April 1990** — ARD-Umfrage auf einem ostdeutschen Wochenmarkt: Wie denn die Südfrüchte schmeckten, die hier neuerdings zu kaufen seien. Darauf ein alter Mann: «Bananen sind was Feines! Aber die Kiwis sind mir zu pelzig.» **25. April 1990** — Im Papier Blumen, in den Blumen ein Messer, im Messer die Lösung des Problems. Um gegen unterirdische Menschentötungsfabriken ein Zeichen zu setzen, rammt die Arzthelferin Adelheid Streidel aus Bad Neuenahr dem SPD-Kanzlerkandidaten Oskar Lafontaine auf einer Wahlkampfveranstaltung in Köln ein Messer in den Hals. Streidel wird verhaftet und in einer psychiatrischen Klinik untergebracht. Unklar bleibt, ob Lafontaine, dessen Kopfnickermuskel durchtrennt wurde, sich von diesem Angriff je wieder erholt. **8. Juli 1990** — «Matthäus! Traumpass Völler! Und was gibt er? Er gibt Elfmeter! Das war eine Konzessionsentscheidung. Also, das war ein Geschenk. Mit Zeitverzögerung gibt's Elfmeter für Deutschland. Ja, Matthäus hat sich schon verkrochen, während Brehme sich mutig den Ball geschnappt hat. Ganz ruhig, ganz cool, muss man direkt sagen. An diesem einen Schuss, meine Damen und Herren, kann der Weltmeistertitel hängen. Er kann mit links und kann mit rechts. Meistens schießt er mit rechts. Hoffentlich trifft er, das ist das Allerwichtigste. Brehme gegen den Elfmetertöter Goycochea. Jaaaaaaaaaaaaaaa! Tor für Deutschland! 1:0! Durch Andreas Brehme, alles wie gehabt, mit rechts flach ins linke Eck! Goycochea wusste alles – nur halten konnte er ihn nicht.» (Gerd Rubenbauer) **2. August 1990** — Sie habe die Stiefmütterchen heute Morgen gegossen, sagt die Witwe, und jetzt, am Abend, ließen sie schon wieder die Köpfe hängen. Auf dem Grab liegt eine Tonscherbe mit der Aufschrift DU FEHLST. «Was wir brauchen», sagt die Witwe, «ist Regen.» **12. September 1990** — In Moskau wollen Margaret Thatcher, François Mitterrand, George Bush, Michail Gorbatschow und Helmut Kohl den Zwei-plus-Vier-Vertrag unterzeichnen, in dem die Bundesrepublik Deutschland als eigenständiger Staat anerkannt wird. Damit würde der endgültigen Wiedervereinigung nichts mehr im Wege stehen. Doch kurz bevor Kohl, den Füllfederhalter bereits in der Hand, seine Signatur auf das Papier drückt, zögert er, wirkt angestrengt. Fieberhaftes Nachdenken. Bis sich Gorbatschow kurz nach vorne beugt und etwas in Kohls Ohr flüstert. Die Miene des Kanzlers erhellt sich augenblicklich. Er schaut noch einmal auf den Vertrag. Na, klar: Sechs! Dann unterschreibt auch er. **4. Oktober 1990** — Die Überlebensration der Bundeswehr besteht übrigens aus: vier Riegeln Kohlenhydratkomprimat (je 50 g). Das Ehrenkreuz in Gold wiegt etwa 30 Gramm. **10. November 1990** — Im Deidesheimer Hof begießen Kohl und Gorbatschow die Wende. Kohl übernimmt die Rechnung. Nach der fünften Flasche Riesling sehen sie blühende Landschaften. **22. November 1990** — Großbritannien wird von Margaret Thatcher unabhängig.

4. Februar 1991 — Hans Magnus Enzensberger vergleicht Saddam Hussein mit Adolf Hitler. **7. Februar 1991** — Saddam Hussein vergleicht Hans Magnus Enzensberger mit Günter Grass. **2. März 1991** — Seattle. Kurt Cobain zerstört seine Müdigkeit durch Schlaf. **13. April 1991** — Bei Chemnitz, Sachsen, blüht tatsächlich eine Landschaft. Dann kommt der Mähdrescher. **12. Juni 1991** — Heute finden die ersten demokratischen Wahlen in Russland statt. Boris Jelzin wird mit 57 Prozent der Stimmen zum Präsidenten gewählt. **14. Juni 1991** — Das Geld ist weg. Muss er halt wieder ins Kaufhaus. Kein Problem. Er hat den Sprengstoff, das Equipment. Alles noch da. Und das Drohen hat er auch nicht verlernt. Es kann also wieder losgehen. Was ihm noch fehlt, ist ein guter Erpressername. Da streift sein Blick den Turnbeutel für das Lösegeld. Darauf abgebildet ist eine in Geld badende Disney-Ente. Arno Funke ist von nun an Dagobert. **11. Juli 1991** — Zwei Schweins-wale schwimmen ganz nah an den Strand von Norderney, um sich die Schweinsmenschen mal genauer anzusehen. **20. August 1991** — 37 Jahre nach seiner Hinrichtung wird Ernst Jennrich vom 4. Strafsenat des Bezirksgerichts Halle freigesprochen. **19. September 1991** — Rein zufällig ist Reinhold Messner anwesend, als in den Ötztaler Alpen eine über 5000 Jahre alte Leiche im Eis entdeckt wird. Weil so viel Zufall nach Meinung einiger Boulevardjournalisten nicht sein kann, machen Gerüchte die Runde, Messner habe in Ägypten eine Mumie gestohlen und aus Publicity-gründen auf dem Gletscher deponiert. Die Frage, die sich wirklich aufdrängt, stellt hingegen niemand: Hat Messner für den Mord an Ötzi ein Alibi? **2. Oktober 1991** — Elvis lebt – er arbeitet im Heidepark Soltau als Elvis-Imitator. **13. November 1991** — Was man so zueinander sagt (Textbei-spiel 4). Mutter: «Wenn du nicht sofort ...» – Kind: «Was dann?» – Mutter: «Dann passiert was.» **24. November 1991** — Freddie Mercury ist tot. Aber das Leben geht ja wei-ter. Irgendwie. Auch wenn es einen damit straft, dass man unentwegt «The Show Must Go On» im Radio hören muss.

3. Januar 1992 — Ein Menschenleben in Sarajevo, Jugosla-wien, kostet 15 000 Dinar.

> **«We are going to keep on trying to strengthen the American family, to make American families a lot more like the Waltons and a lot less like the Simpsons.»**
>
> — *George Bush*

1. Februar 1992 — Im Januar sind in Chicago 77 Menschen ermordet worden. Jesus My Mercy. **3. März 1992** — Ein Menschenleben in Sarajevo, Bosnien und Herzegowina, kostet noch 150 Dinar. **11. März 1992** — Leider auf der Liste der bedrohten Tierarten: der Iberische Luchs. Leider nicht auf der Liste der bedrohten Tierarten: die Diddl-Maus. **25. März 1992** — Muss sich ganz schön komisch anfühlen: Als Sergei Konstantinowitsch Krikaljow nach 10 Monaten im All auf die Erde zurückkehrt, ist seine Heimatstadt Leningrad in St. Petersburg umbenannt worden. Ob wenigstens die Postkarten angekommen sind? **3. April 1992** — 55 Jahre nachdem der nach ihr benannte Walt-Disney-Erfolgsfilm in die Kinos kam, stirbt Schneewittchen in einem Altersheim außerhalb von Los Angeles. Sieben Zwerge tragen ihren Sarg, unter ihnen Danny DeVito. **8. April 1992** — Nachdem er sechs von dreizehneinhalb Jahren Gefängnis wegen Entführung und Vergewaltigung von fünf größtenteils minderjährigen Mädchen verbüßt hat, wird Marc Dutroux in Belgien auf freien Fuß gesetzt, obwohl seine Mutter in einem Brief an den Gefängnisdirektor vor neuen Taten warnt. **17. April 1992** — Als am Tag nach dem Erscheinen des Buches die Sonne aufgeht, stellt sich heraus: «Das Ende der Geschichte» von Francis Fukushima ist der dreisteste Etikettenschwindel seit «Die unendliche Geschichte» von Michael Ende. **27. Mai 1992** — Menschenleben sind nichts mehr wert in Sarajevo, Bosnien-Herzegowina. **7. Juli 1992** — Zwei Löwen, zwei Tiger, drei Bären – das ist der Restbestand des Zoos von Sarajevo. Die Anwohner, die sich unter den Bäumen des Zoos vor Heckenschützen verstecken und sich auch, so gut es eben geht, um die Tiere kümmern, würden zumindest die Raubkatzen nur allzu gerne freilassen, sie auf den Feind hetzen, der hinter der nördlichen Umgrenzung lauert. Doch die Tiere, sie wissen nichts von Gut und Böse, sie können nicht unterscheiden zwischen Angreifern und Verteidigern, Freund und Feind, Kämpfern und Zivilisten. Niemand scheint es mehr zu können. Nur die Menschen in Sarajevo sehen mit jedem Tag klarer. **29. Juli 1992** — Erich Honecker, Mittelpunkt diplomatischer Verwerfungen zwischen Chile, Russland und der wiedervereinigten Bundesrepublik, ist mit seiner Frau Margot inzwischen in die chilenische Botschaft nach Moskau geflohen, als der Verdacht laut wird, bei dem Bild, das der Krebs von ihm gezeichnet hat, könnte es sich um eine Fälschung handeln. Das ergibt eine neue Computertomographie russischer Ärzte, auf der von einem Lebertumor plötzlich nichts mehr zu sehen ist. Der Simulant wird nach Deutschland abgeschoben. **22. August 1992** — 2000 sogenannte Menschen versammeln sich vor einem Hochhauskomplex in Rostock-Lichtenhagen, in dem Asylbewerber und ehemalige vietnamesische Vertragsarbeiter leben. Sie randalieren, schlagen Polizisten zusammen und rufen: «Sieg Heil!» Unweit der Gebäude baut ein findiger Geschäftsmann einen Imbissstand auf. Die Nationalhymne wird gesungen, 1. Strophe. Deutschland, Deutschland. Die Adolf-Hitler-Fanmeile ist eröffnet. **23. August 1992** — In Rostock-Lichtenhagen nimmt die Polizei 130 Personen fest. 60 davon sind linke Jugendliche, die sich zu einer Solidaritätsdemonstration für die bedrohten Hochhausbewohner eingefunden haben. Am Bierstand macht ein Mann im DFB-Trikot den Hitlergruß, nicht jedoch ohne sich vorher standesgemäß in die Trainingshose gepisst zu haben. Deutschland, Deutschland. **24. August 1992** — Volksfeststimmung in Rostock-Lichtenhagen. Die Polizei zieht sich aus dem Bereich des Hochhauskomplexes zurück und lässt die Hitler-Fans in Ruhe feiern. Molotowcocktails fliegen, um kurz vor halb zehn abends brennt ein Gebäude, die inzwischen 3000 Schaulustigen versperren der Feuerwehr die Zufahrt, die Bewohner fliehen vor dem aufsteigenden Rauch immer weiter nach oben. «Deutschland den Deutschen, Ausländer raus!», rufen unten die Brandstifter. Raus, ja, bloß raus! Aber wie? Die Verzweifelten biegen eine Eisentür auf und zwängen sich durch den Spalt, gelangen über ein Dach ins Nachbarhaus und werden schließlich mit Bussen in eine Turnhalle im Stadtteil Marienehe gebracht, wo man sie ohne Verpflegung sich selbst überlässt.

> **«Offenbar hat die Stasi die Krawalle
> in Mecklenburg-Vorpommern mit angezettelt,
> um der Demokratie in den Rücken zu fallen.»**
> — *Erwin Marschweski, innenpolitischer
> Sprecher der CDU/CSU-Bundestagsfraktion*

1. September 1992 — Zusammen mit dem später als Drahtzieher des ersten Anschlags auf das World Trade Center zu 240 Jahren Haft verurteilten Ramzi Ahmed Yousef versucht Ahmed Ajaj in die USA einzureisen. Im Gepäck hat er mehrere gefälschte Pässe, einen echten schwedischen Pass, auf den er mit einem Klebestift sein Foto gepappt hat, Stempel zum Fälschen saudi-arabischer Pässe, Anleitungen zum Bombenbau, Videos von Terroranschlägen, Literatur über Waffen und Sprengstoff sowie das Merkblatt «Wie man am besten die US-Einreisebehörde belügt». Elektrisiert davon, diese subtilen Hinweise richtig gedeutet zu haben, halten die Grenzbeamten Ajaj fest, verlieren aber jedes Interesse an Yousef und lassen ihn einreisen. **20. September 1992** — Ein blaues Wunder. In England greift ein Arzt zum Hörer. Er hat schlechte Nachrichten für den Entwicklungschef der Firma Pfizer, des größten Pharmakonzerns der Welt. Sildenafil, der Wirkstoff, an dem er gerade forscht, soll eigentlich den Blutdruck senken, gegen Angina Pectoris helfen. Doch das Medikament verfehlt seine Wirkung. Ein Desaster. Der Blutdruck wird keineswegs gesenkt, sondern, so berichten die ersten männlichen Probanden, an einer sehr wichtigen Stelle entscheidend erhöht. Der Pfizer-Mann hört sich das Ganze in Ruhe an. Dann legt er auf. Wenige Wochen später meldet die Firma die Substanz UK-92 480 zu klinischen Studien an. Bald darauf kommt das Medikament auf den Markt. Der Name der Pille: Viagra. **1. Oktober 1992** — Die Französin Jeanne Calment hört im Alter von 117 mit dem Rauchen auf. **28. Oktober 1992** — Weltuntergang, irgendwann mal verkündet von Lee Jang Rim, dem Führer der südkoreanischen «Tami Mission Church». Das hat er selbst aber inzwischen schon wieder vergessen, der gute Lee: Er freut sich schon unheimlich auf morgen. **29. Oktober 1992** — Nicht zu fassen. Nach einer misslungenen Geldübergabe wird der flüchtende Dagobert von einem Polizisten verfolgt. Doch als es dem Beamten endlich gelingt, sich in Funkes Jacke zu krallen, rutscht er auf Hundekot aus. Funke entkommt. Die Polizei wird mit Spott und Häme überzogen. Die ganze Fahndung: ein Haufen Scheiße. **30. Oktober 1992** — Im Zoo von Sarajevo verhungert das letzte Tier, ein Bär, umgeben von den Gerippen seiner Artgenossen. Die kahlen Bäume bieten nun keinen Schutz mehr gegen Heckenschützen. **12. November 1992** — Obwohl neuerliche Untersuchungen gezeigt haben, dass sein Krebs doch ziemlich real existiert und Erich Honecker nur noch sechs Monate bis anderthalb Jahre zu leben hat, wird ihm in Berlin wegen der Mauertoten der Prozess gemacht. Wo er schon mal da ist. Voraussichtliche Dauer: mindestens zwei Jahre.

5. Januar 1993 — 2000 Beamten sind im Einsatz, Hunderte Telefonzellen werden überwacht. Doch wieder entkommt Dagobert, der sich mittlerweile einen Spaß aus dem Duell mit der Polizei macht. Er präpariert Streukästen, baut ferngesteuerte Fahrzeuge zur Geldübergabe, versteckt sich im Tunnelsystem Berlins. Scheint immer einen Schritt schneller. Obwohl die Fahndung nach ihm fünf Millionen Mark Steuergelder verschlingt, obwohl er Kaufhäuser in die Luft jagt und damit Menschen in Gefahr bringt, gilt er mittlerweile als beliebtester Verbrecher des Landes. Der sympathische Gauner von nebenan. Ein Comicheld. **13. Januar 1993** — Nach 169 Tagen Haft beendet das Landesverfassungsgericht den längst zur Farce verkommenen Prozess gegen Honecker. Dieser fliegt umgehend zu Frau und Tochter nach Chile. Er hat noch 491 Tage vor sich. Erich Honecker, der Mann, der niemals jung war, ist jetzt sehr alt. **12. Februar 1993** — Der dreijährige James Bulger wird in Bootle, England, von Jon Venables und Robert Thompson (beide 10) aus einem Einkaufszentrum entführt. Auf ihrer Wanderung zum Güterbahnhof, bei der der kleine James unentwegt nach seiner Mutter schreit, begegnen sie insgesamt 38 Menschen. Diese jedoch sitzen nicht mit auf der Anklagebank, als Venables und Thompson wegen Mordes verurteilt werden. **24. April 1993** — Im bayrischen Krailing stirbt der Volksschauspieler Gustl Bayrhammer, bekannt als Meister Eder. An seinem offenen Grab sagt sein Adoptivsohn Pumuckl unter Tränen, unsichtbar für alle anderen Trauergäste: «Meine Zähne klappern am meisten, obwohl sie am wenigsten frieren.» Dann wirft er eine Schaufelspitze Sägespäne auf den Sarg. **17. Juni 1993** — Fast genau zehn Jahre nachdem er mit 1,75 Promille Alkohol im Blut einen Autounfall verursacht hat, bei dem ein Mensch sein Leben verlor und ein weiterer schwer verletzt wurde, wird Otto Wiesheu Verkehrsminister in Bayern. Darauf einen Dujardin. **11. Juli 1993** — Im Zoo von Kabul tötet der Löwe Marjan einen Soldaten, nachdem dieser im Zuge einer Mutprobe ins Gehege gestiegen ist und die Löwin Chucha gestreichelt hat. **12. Juli 1993** — Der Bruder des getöteten Soldaten wirft aus Rache am folgenden Tag eine Granate in Marjans Gehege, sie explodiert und verletzt den Löwen schwer. Er überlebt den Anschlag, verliert jedoch das Gehör, ein Auge und seine Zähne. **27. Oktober 1993** — Es wird jetzt wieder früher dunkel. **1. November 1993** — Auch in Opa wird es dunkel. Hallo, Opa, wir sind's! Nichts. **13. Dezember 1993** — Jeanne Calment fängt im Alter von 118 wieder mit dem Rauchen an.

11. Januar 1994 — Jeanne Calment hört im Alter von 119 endgültig auf zu rauchen, weil sie infolge ihrer Blindheit nicht mehr in der Lage ist, sich selbst eine Zigarette anzuzünden, und es hasst, andere um Hilfe zu bitten. **5. April 1994** — Seattle. Kurt Cobain zerstört seine Lebensmüdigkeit durch eine Browning-Auto-5-Selbstladeflinte. **22. April**

1994 — Ente gut, alles gut? Nein. Arno Funke wird in einer Berliner Telefonzelle festgenommen. Dagobert muss für sieben Jahre ins Gefängnis. Stöhn! **29. Mai 1994** — Erich Honecker, der 491. Tag. **1. September 1994** — Der amerikanische Fernsehprediger Harold Camping verkündet den Weltuntergang. Spätestens bei der Wiederholung der Sendung jedoch verlieren seine Worte ihr Gewicht. **13. September 1994** — Ist der Mensch etwa doch eine Scheibe?

> **«Das ist eine klassische journalistische
> Behauptung. Sie ist zwar richtig,
> aber sie ist nicht die Wahrheit.»**
>
> — *Helmut Kohl*

15. Januar 1995 — In der ZDF-Sendung «Das Literarische Quartett» warnt Gott davor, sein Buch allzu ernst zu nehmen. **3. März 1995** — Die Existenz des theoretisch bereits definierten Elementarteilchens Top-Quark wird von US-Forschern experimentell nachgewiesen. Eine Verfilmung mit Tom Cruise und Ranga Yogeshwar in den Hauptrollen scheitert.

> **«In the crudest terms, it's 168:1,
> if you had it on a scoreboard, so
> I sit here content. There's no way they
> can beat me by executing me.»**
>
> — *Timothy McVeigh, der bei einem Bombenanschlag in Oklahoma City
> 168 Menschen tötete, kurz vor seiner Hinrichtung*

30. Mai 1995 — Auf der «Sniper Alley» genannten Magistrale durch Sarajevo, die Tag und Nacht im Visier serbischer Scharfschützen liegt, unternimmt ein junger Mann einen Selbstmordversuch durch Fahrradfahren. Doch die Scharfschützen, sie verurteilen ihn dieses Mal zum Leben. **14. Juli 1995** — In Srebrenica, Ostbosnien, zählt der Zwölfjährige die Zeit, die ihm noch bleibt, in Sekunden. **5. August 1995** — Och, gucken Sie mal: Da liegt ja Opa! Läuft nicht mehr, nie mehr. Jetzt haben sie ihn kaputt gekriegt. Mit zwei Kriegen, mit Hans Albers, den Durchhaltefilmen, der Angst, der Schuld, Gefangenschaft, Hunger, der Heimkehr, den fremden Kindern, die doch seine eigenen sind, mit der D-Mark, dem Wohlstand, Schweinebraten mit Soße, sehr viel Soße, mit Fritz Walter, den Albträumen, den Bildern vom Krieg, den Gedärmen, die seinen Freunden aus dem Leib quillen, immer wieder, jede Nacht, mit der Schrankwand, Gelsenkirchener Barock, dem Fotoalbum, in dem er auch nicht jünger wird, dem Stammtisch, der Gartenarbeit, Kuchenessen, mit Dieter Thomas Heck, Diabetes, mit dem Tod seiner Frau, die schon vorher nicht mehr unter den Lebenden war, der Einsamkeit, seinem 80. Geburtstag, der Demenz, der Inkontinenz, och, Opa, jetzt hast du ja wieder… sag doch was! Mit dem Ende schließlich – und mit dem noch am wenigsten. Es ist zum Heulen. **24. August 1995** — In dem Skript dieser Seite ist ein Fehler aufgetreten. Bitte starten Sie dieses Buch neu. Windows 95 kommt auf den Markt. **30. August 1995** — Endlose Zahlen, doch die Rechnung geht nie auf. Seit 1242 Tagen wird Sarajevo, die Hauptstadt Bosnien-Herzegowinas, nun schon von den bosnischen Serben belagert. Rund 470 000 Granaten sind von den Hügeln ringsherum auf die Stadt niedergegangen, dazu ungezählte Schüsse aus Scharf-schützengewehren, rund 11 000 Menschen sind gestor-ben, etwa die Hälfte davon Zivilisten, 1600 Kinder. 1242 Tage lang hat die Weltöffentlichkeit zugesehen mit vor den Mund geschlagener Hand, entsetzt und fassungslos, 1242 Tage lang haben die Vereinten Nationen zwar immer wie-der gedroht, sich dann aber ein ums andere Mal vorführen lassen, 1242 Tage lang hat die NATO sich nicht zu einem Eingreifen entschließen können. Nun, nach den 8000 To-ten von Srebrenica und einem weiteren Mörserangriff auf den Markale-Markt, bei dem 37 Menschen sterben, ist es endlich so weit. Mit 400 Flugzeugen startet die NATO zu 3500 Flügen, bei denen 1026 Bomben gegen 386 serbische Stellungen abgeworfen werden. Nach 14 Tagen beginnen die Serben mit dem Abzug. **1. Oktober 1995** — In der Me-tallindustrie wird die 35-Stunden-Woche eingeführt, die Arbeiter verbringen die neu gewonnene Freizeit damit, auf ihren neu gekauften PCs einer digitalen Sanduhr zuzuse-hen und auf die Erfindung des Internetpornos zu warten.

3. Januar 1996 — Elvis lebt – in der Serie «Akte X» sagt Agent Fox Mulder: «Nur eine Person hat jemals erfolgreich ihren Tod vorgetäuscht. Und das war Elvis.» **26. Januar 1996** — Nach insgesamt 193 französischen Atomtests ist das Südsee-Atoll Mururoa endlich kaputt. Unter den Poly-nesiern, die auf dem Testgelände gearbeitet haben, kommt es in den nächsten Jahrzehnten zu einer signifikanten Häufung von Schilddrüsenkrebs, Leukämie und anderen Erkrankungen. Frankreich hält die Ergebnisse seiner eige-nen Untersuchungen dazu und zu den Umweltauswirkun-gen in der Region unter Verschluss. Eine folkloristische

Entscheidung, schließlich bedeutet «Mururoa» auf Tahitianisch «großes Geheimnis». **10. Februar 1996** — Mann, Kasparow! 1. e2-e4 c7-c5 2. c2-c3 d7-d5 3. e4xd5 Dd8xd5 4. d2-d4 Sg8-f6 5. Sg1-f3 Lc8-g4 6. Lf1-e2 e7-e6 7. h2-h3 Lg4-h5 8. O-O Sb8-c6 9. Lc1-e3 c5xd4 10. c3xd4 Lf8-b4 11. a2-a3 Lb4-a5 12. Sb1-c3 Dd5-d6 13. Sc3-b5 Dd6-e7 14. Sf3-e5 Lh5xe2 15. Dd1xe2 O-O 16. Ta1-c1 Ta8-c8 17. Le3-g5 La5-b6 18. Lg5xf6 g7xf6 19. Se5-c4 Tf8-d8 20. Sc4xb6 a7xb6 21. Tf1-d1 f6-f5 22. De2-e3 De7-f6 23. d4-d5 Td8xd5 24. Td1xd5 e6xd5 25. b2-b3 Kg8-h8 26. De3xb6 Tc8-g8 27. Db6-c5 d5-d4 28. Sb5-d6 f5-f4 29. Sd6xb7 Sc6-e5 30. Dc5-d5 f4-f3 31. g2-g3 Se5-d3 32. Tc1-c7 Tg8-e8 33. Sb7-d6 Te8-e1+ 34. Kg1-h2 Sd3xf2 35. Sd6xf7+ Kh8-g7 36. Sf7-g5+ Kg7-h6 37. Tc7xh7+ Mit «Deep Blue» gewinnt erstmals ein Computer gegen einen amtierenden Schachweltmeister. Wegen 23. d4-d5! Lächerlich. **26. April 1996** — Der Hamburger Mäzen, Tabakerbe, Philologe und Sozialforscher Jan-Philipp Reemtsma wird nach 33 Tagen Gefangenschaft freigelassen. Sein Peiniger Thomas Drach sagt zum Abschied: «Sie erleben die Luxusversion einer Entführung.» Er stellt 30 Millionen Mark in Rechnung. **27. April 1996** — Thomas Drach erlebt die Luxusversion einer Flucht: Über Köln und Paris reist er nach Venezuela, Kuba und schließlich nach Uruguay, wo er eine von Hunden bewachte Prunkvilla bewohnt. **11. Mai 1996** — Im Zoo von San Francisco gibt das Gorillaweibchen Koko auf die Frage «Was ist der Tod?» mittels der Gebärdensprache die wohl richtigste Antwort aller Zeiten: «Höhle, gemütlich, auf Wiedersehen.» **3. Juni 1996** — Mohammed Atta trinkt in der Mensa der TU Hamburg-Harburg eine Coca-Cola. **15. August 1996** — Das Schlimmste ist vielleicht, dass das Böse auf eine äußerst

beunruhigende Weise gut aussieht, mit seinem leicht an-
gezausten Seitenscheitel, dem Schnurrbart, den wachen
Augen, ein wenig wie der Schauspieler Josh Brolin in «No
Country for Old Men», einem noch längst nicht gedrehten
Film. Aber um alte Männer geht es nicht, als Marc Dutroux
festgenommen wird, Kinder sind verschwunden, zwei
Mädchen können lebend aus einem Kellerverlies befreit
werden, von vier weiteren und einem Komplizen werden
die Leichen geborgen. Dutroux gibt an, nur Handlanger
eines mächtigen Pädophilennetzwerks mit Verbindungen
in höchste Kreise gewesen zu sein, die Justiz versagt bei der
Überprüfung der monströsen Aussagen, Belgien rutscht in
eine tiefe Krise. Ist dieses Land, fragen sich seine Einwohner besorgt, womöglich kein Land für junge Mädchen?
28. August 1996 — Bis dass der Tod euch scheidet? Nein.
Charles und Diana haben keine Lust, noch ein Jahr und
drei Tage zu warten, und machen es selbst. Der Tod ist beleidigt – und kauft sich ein Ticket nach Paris.

10. April 1997 — Liebe Leser, für alle unter Ihnen, die das
«Biblische Astronomische Nachrichtenblatt» nicht abon-
niert haben, hier noch mal der wichtige Hinweis: Heute
ist Weltuntergang! **11. April 1997** — Wieder nichts mit dem
Weltuntergang. Jetzt herrscht bei den Propheten der Apo-
kalypse aber so langsam Weltuntergangsstimmung. **29. Juni
1997** — Mike Tyson findet, als er mit der Zunge zwischen
den Zähnen herumspielt, ein winziges Stück Ohr. «Mmh»,
sagt er. «Evander!» **3. Juli 1997** — O tempora, o mores: Der
Wettbewerb «Unser Dorf soll schöner werden» wird in
«Unser Dorf hat Zukunft» umbenannt. Statt also, wie in
all den Jahren zuvor, einfach ein paar Tagetes vor dem Ge-

meindehaus zu pflanzen, stellen bundesweit die Küster die Kirchturmuhren eine Stunde vor. **4. August 1997** — Jeanne Calment stirbt im Alter von 122 Jahren, 5 Monaten und 14 Tagen. Auf ihrer Beerdigung darf selbstverständlich geraucht werden. **30. August 1997** — Paris. Die 36-jährige Diana Frances Spencer bricht zum Shooting auf: Sie wird heute diversen Paparazzi für ihr Werk «Tödlich verunglückte Königin der Herzen» Modell stehen. **23. Oktober 1997** — Zum ersten Mal in der Geschichte der Menschheit ist jemand mehr als erleichtert. Dann fliegt er einfach davon. **2. Dezember 1997** — Ernst Jünger erinnert sich an den Tag, an dem er all das vergessen hat.

17. Januar 1998 — Auf der Internetseite «Drudge Report» wird Bill Clintons sexuelle Beziehung zu der Praktikantin Monica Lewinsky öffentlich. Jetzt muss auch der US-Präsident schlucken. **23. Januar 1998** — Elvis lebt – ein gewisser Mike Taylor traf ihn gerade im Casino des «Flamingo Reno» in Nevada am Blackjack-Tisch. **26. Januar 1998** — Präsident Clinton reagiert und veröffentlicht eine eidesstattliche Erklärung. Darin heißt es: Zwischen ihm und Frau Lewinsky habe es niemals eine sexuelle Beziehung gegeben. Ehrenwort. Er habe nur einmal kurz an ihr gezogen, aber nicht mal inhaliert. **19. März 1998** — Wo ist das bekackte Geld, Lebowski? **27. April 1998** — Weil sie Mitarbeitern jahrelang vorgegaukelt haben, sie nach Tarif zu bezahlen, werden Drogerie-Mogul Anton Schlecker und seine Frau Christa wegen gemeinschaftlichen Betrugs in 610 Fällen zu je zehn Monaten Haft auf Bewährung und Zahlung einer Geldbuße von insgesamt zwei Millionen Mark verurteilt. Man kann's ja mal probieren.

**«Hey mom. Gotta go. It's about a
half an hour before our little judgment day.
I just wanted to apologize to you
guys for any crap this might instigate as far
as (unverständlich) or something.
Just know I'm going to a better place.
I didn't like life too much and I know I'll be
happy wherever the fuck I go.
So I'm gone. Good-bye.»**

*— Videobotschaft von Dylan Klebold am 20. April 1999, gefilmt
von Eric Harris, kurz bevor beide an der Columbine High School zwölf
Mitschüler, einen Lehrer und schließlich sich selbst erschießen*

4. Juni 1998 — Ist dieses Jahrhundert nicht langsam zu alt
für den Scheiß? **17. August 1998** — Nun doch. Bill Clinton
gesteht eine «unangemessene und unschickliche Beziehung» mit Monika Lewinsky. In einer Fernsehansprache
wendet er sich an das amerikanische Volk und entschuldigt sich dafür, gelogen zu haben. Das Land sieht einen
reumütigen Präsidenten. Hillary sieht Denver Clan.
9. September 1998 — Woher die Jungfrau Maria das wohl
gewusst hat, damals in Fátima: Erich Ribbeck wird tatsächlich Bundestrainer. **27. September 1998** — Bundeskanzler
~~Helm~~ Gerhard Schröder.

7. Januar 1999 — Bill Clinton, Erfolgstyp: Mein Haus,
meine Frau, Meineid. **10. März 1999** — Oskar Lafontaine
verkündet überraschend seinen Rücktritt als Finanzminister und SPD-Vorsitzender. Er kann die Politik Gerhard
Schröders nicht länger abnicken. **24. März 1999** — Mitten
über dem Atlantik lässt Russlands Außenminister Jewge-

ni Primakow sein Flugzeug, das auf dem Weg nach Washington ist, wenden und fliegt zurück nach Moskau. Die NATO hat wegen des Kosovokrieges mit Luftschlägen gegen Rest-Jugoslawien begonnen. Auch deutsche unter den Bombern. **13. Mai 1999** — Die Grünen, seit 228 Tagen an der Regierung und längst von der Weltpolitik davongerissen, gönnen sich einen Moment der Besinnung. Ist das, die ersten Kampfeinsätze deutscher Soldaten seit dem Zweiten Weltkrieg, dazu noch ohne UN-Mandat, der Weg, den wir gehen wollen? Doch besinnlich wird es auf dem Sonderparteitag in Bielefeld nicht, es gibt Polizeieinsätze vor der Halle, einen Farbbeutelwurf gegen Außenminister Joschka Fischer, bei dem diesem das Trommelfell reißt, erhitzte Reden und Sprechchöre – und am Ende eine Kampfabstimmung, die über die Zukunft der Partei entscheidet. Mit 444 zu 318 Stimmen wird der Beschluss gefasst, die Einsätze der NATO, die ohnehin längst laufen, mitzutragen. Es ist ein Weg, den sie gehen müssen. Zu ihrer freien Verwendung dazu eine Pressemitteilung von Claudia Roth, Mitglied des Deutschen Bundestages. **11. August 1999** — Weltuntergang, verkündet von dem Modemacher Paco Rabanne. **12. August 1999** — Der Modemacher Paco Rabanne entschuldigt sich. **24. August 1999** — 1.30 Uhr: time to say halb zwei. **17. Oktober 1999** — Regen in Wuppertal. **27. Dezember 1999** — Eine prominent besetzte Jury hat die 100 Wörter des 20. Jahrhunderts ausgewählt. Sie lauten: Aids, Antibiotikum, Apartheid, Atombombe, Autobahn, Automatisierung, Beat, Beton, Bikini, Blockwart, Bolschewismus, Camping, Comics, Computer, Demokratisierung, Demonstration, Demoskopie, Deportation, Design, Doping, Dritte Welt, Drogen, Eiserner Vorhang, Emanzipation, Energiekrise, Entsorgung, Faschismus, Fernsehen, Film, Fließband, Flugzeug, Freizeit, Führer, Friedensbewegung, Fundamentalismus, Gen, Globalisierung, Holocaust, Image, Inflation, Information, Jeans, Jugendstil, Kalter Krieg, Kaugummi, Klimakatastrophe, Kommunikation, Konzentrationslager, Kreditkarte, Kugelschreiber, Luftkrieg, Mafia, Manipulation, Massenmedien, Molotowcocktail, Mondlandung, Oktoberrevolution, Panzer, Perestroika, Pille, Planwirtschaft, Pop, Psychoanalyse, Radar, Radio, Reißverschluss, Relativitätstheorie, Rock 'n' Roll, Satellit, Säuberung, Schauprozess, Schreibtischtäter, Schwarzarbeit, Schwarzer Freitag, schwul, Selbstverwirklichung, Sex, Soziale Marktwirtschaft, Single, Sport, Sputnik, Star, Stau, Sterbehilfe, Stress, Terrorismus, U-Boot, Umweltschutz, Urknall, Verdrängung, Vitamin, Völkerbund, Völkermord, Volkswagen, Währungsreform, Weltkrieg, Wende, Werbung, Wiedervereinigung, Wolkenkratzer. Der Satz des 20. Jahrhunderts müsste also lauten: «An einem Schwarzen Freitag steht ein schwuler, gestresster Schreibtischtäter, an dessen Jeans der Reißverschluss klemmt, in seinem automatisierten Volkswagen auf der Autobahn im Stau, kaut Kaugummi, hört Rock 'n' Roll im Massenmedium Radio, um ihn herum nur Wolkenkratzer und Beton, und sehnt sich nach Selbstverwirklichung, Sex oder Sterbehilfe.»

**«The second half
of the twentieth century
is a complete flop.»**
— *Isaac Bashevis Singer*

31. Januar 1999 — Es warten beim Raclette gemeinsam auf den Weltuntergang: Jack van Impe, Elisabeth Tessier, die Zeugen Jehovas, der Wahrsager Edgar Cayce, die Laienschwester Jeanne Le Royer, Bischof Hugh Latimer, Sir Isaac Newton, Vater Gobbi, Untergangsprophet Hans Jürgen Ewald und die Redaktion der «Bild»-Zeitung.

1. Januar 2000 — Von den Machern von DAS 20. JAHRHUNDERT: DAS 21. JAHRHUNDERT! **3. März 2000** — Big Brother is watching you while you are watching «Big Brother». **26. März 2000** — Heute finden die letzten demokratischen Wahlen in Russland statt. Wladimir Putin wird mit 53 Prozent der Stimmen zum Präsidenten gewählt. **3. Juni 2000** — Dortmund. Ein Mann sitzt auf der Parkbank in der Sonne, schaut auf sein Mobiltelefon und lächelt: Dank moderner Technik ruft ihn jetzt, auch wenn er unterwegs ist, niemand an. **10. Juni 2000** — «Ohne Gott», sagt George W. Bush in einem Interview, «säße ich heute in einer Bar in Texas anstatt im Oval Office.» Leider stellt der Interviewer daraufhin nicht die einzig richtige Frage: War Gott selbst schon betrunken, als sich die beiden damals trafen und er ihm riet, Präsident zu werden? Und was zur Hölle macht Gott in einer Bar in Texas? Dallas zumindest, das wissen wir ja bereits, hat ihn nie interessiert. **11. Oktober 2000** — Frankfurt/Main. Peter Scholl-Latour steht auf der Buchmesse, schaut in seinen Kaffee und muss die ganze Zeit an den Homo erectus von neulich Abend denken. **29. November 2000** — In einem Zimmer in Ludwigshafen beginnt Hannelore Kohl, sich nun auch vor der Dunkelheit zu fürchten. **1. Dezember 2000** — Im Mikado-Verlag erscheint das Buch «Wohlfühlen – Der Megatrend». **13. Dezember 2000** — Dem inzwischen in Buenos Aires verhafteten Reemtsma-Entführer Thomas Drach wird in Hamburg der Prozess gemacht. Er erlebt die Luxusvariante einer lebenslänglichen Haftstrafe: Die Richter verurteilen ihn wegen erpresserischen Menschenraubs zu 14 Jahren und sechs Monaten Gefängnis.

18. April 2001 — Hamburg. Der Ex-Hobbyflieger und Ex-Zivildienstleistende Mathias Rust steht wegen des Diebstahls eines 179 Mark teuren Kaschmirpullovers vor Gericht. Von Weltfrieden und Spaß keine Spur.

> **«Mathias, was ist denn los?**
> **Mathias, was ist denn los?**
> **Lache, und die Welt lacht mit dir.**
> **Weine, und du weinst allein.»**
>
> *— Studio Braun, «Mathias Rust – Ein deutscher Messias»*

30. Juni 2001 — Im Deidesheimer Hof sitzt Hannelore Kohl gemeinsam mit Thüringens Ministerpräsident Bernhard Vogel und ihrem Mann in der nach ihm benannten Nische. Die Männer sind schon länger da. Sie ist, wie immer, erst nach Einbruch der Nacht aus dem Haus gegangen. Es ist jetzt etwa halb elf. Das Licht am Tisch wurde durch eine Niedervoltglühbirne abgedunkelt. Hannelore Kohl bestellt Zanderfilet. Die Stimmung ist gut. Sie scherzt, sonst nicht ihre Art, mit den Kellnern. Weit nach Mitternacht wird das Ehepaar vom Personal herzlich verabschiedet. Der Zander war ausgezeichnet. Bis zum nächsten Mal. **5. Juli**

2001 — In ihrem Bungalow in Ludwigshafen, die Fenster abgehängt, die Temperatur heruntergedreht, nimmt sich Hannelore Kohl das Leben. **11. Juli 2001** — Helmut Kohl sitzt wieder im Deidesheimer Hof. Zum Leichenschmaus. Das Licht über den Tellern, es leuchtet jetzt so hell wie an allen anderen Tischen auch. **22. Juli 2001** — Ihr Engelein kommet: Bertie Felstead, der letzte Überlebende des Weihnachtsfriedens von 1915, stirbt im Alter von 106 Jahren in Gloucester, England. **9. September 2001** — Das handelsübliche Teppichmesser der Firma Stanley kostet im Walmart 14 Dollar und 87 Cent. **10. September 2001** — Im 43. Stock des World Trade Centers (Südturm) fliegt ein Vogel gegen die Scheibe. **11. September 2001** — ~~New York, New York~~

«A second plane hit the second tower. America is under attack.»

— Stabschef Andrew Card am Morgen des 11. September 2001 zu US-Präsident George W. Bush, als dieser gerade mit Grundschulkindern das Buch «The Pet Goat» liest. Es handelt übrigens von einer gefräßigen Ziege, die am Ende zum Helden wird.

12. September 2001 — Den 12. September hingegen wird niemals jemand «Der 12. September» nennen.

«Either you are with us or you are with the terrorists.»

— George W. Bush

13. September 2001 — Jetzt aber mal ehrlich: Was für 'n Scheißjahrhundert. Menschenskind. **20. September 2001** — Das amerikanische Medienunternehmen «Clear Channel Communications» gibt eine Schwarze Liste heraus, auf der Lieder aufgeführt sind, die nach den Anschlägen vom 11. September nicht mehr im Radio gespielt werden sollten, da sie unpassend seien – darunter «Walk Like an Egyptian», «Love Is a Battlefield», «In the Air Tonight», «Rocket Man», «Stairway to Heaven», «Great Balls of Fire», «Leavin' on a Jet Plane», «Burning Down the House», «It's the End of the World as We Know It», «Jump», «99 Luftballons» und eben: «New York, New York».

«THEY HAVE ALL MELTED AWAY.»

— Frank Sinatra, «New York, New York»

7. Oktober 2001 — Die USA beginnen ihren Vergeltungsschlag gegen Afghanistan und die Taliban. Der Ölpreis steigt daraufhin um mehr als 50 Cent auf 22,10 US-Dollar pro Barrel. Flüchtlingsstrom gibt es ab jetzt wieder kostenlos. **13. November 2001** — Wieder groß in Mode in Deutschland: die Achtziger. In strukturschwachen Gebieten sind es eher die Dreißiger, aber davon steht natürlich nichts in den Modezeitschriften. **16. November 2001** —

Seit heute ist auch Deutschland mit dabei im «War on Terror», so hat es die Mehrheit von Rot-Grün im Bundestag
entschieden. Um den Grünen die Entscheidung zu erleich-
tern, hat Bundeskanzler Schröder die Abstimmung mit der
Vertrauensfrage verknüpft. Zu ihrer freien Verwendung
dazu die Pressemitteilung «Ich bin froh, das war eine richtige Entscheidung» von Claudia Roth, Parteivorsitzende
von Bündnis 90 / Die Grünen. **21. Dezember 2001** — Welch
ein Festtag für den Liberalismus: Guido Westerwelle wird
zum «Krawattenmann des Jahres» gekürt! Hören Sie dazu
einen Kommentar von Ulrich Deppendorf vom Westdeutschen Rundfunk. **22. Dezember 2001** — Die Hauskatze
Copy Cat, das erste geklonte Haustier, kommt zur Welt.
Sie sieht genauso aus wie ihr genetisches Ebenbild. Aber
eigentlich auch wie jede andere Scheißkatze.

1. Januar 2002 — Der Euro wird eingeführt, die D-Mark
ist kein gesetzliches Zahlungsmittel mehr. Damit sind
auch die immer noch verschwundenen Millionen, die
Thomas Drach für die Freilassung von Jan-Philipp Reemtsma erpresst hat, sollte er sie nicht bereits umgetauscht
haben, im Grunde wertlos. Ein Luxusproblem. **13. Januar
2002** — Wolfgang Schäuble vergleicht den Spenden-Un-
tersuchungsausschuss mit Goebbels. **23. Januar 2002** —
Wie wir gerade erfahren haben, sind Unterlassungsklagen
prominenter Politiker förderlich für den Verkauf eines
Buches. Gut, versuchen wir es an dieser Stelle mal: «Es
wäre gut für Gerhard Schröders Glaubwürdigkeit, wenn er
sich die grauen Schläfen nicht wegtönen würde.» **14. Februar 2002** — Elvis lebt – laut einem US-amerikanischen
Psychiater, der CNN ein Interview gibt, hat er jetzt weiße

Haare und saß gestern noch bei ihm auf der Couch. Der Doktor sagt: «Der vorgetäuschte Tod war nötig, weil der King dem Fan-Ansturm nicht mehr gewachsen war. Einmal die Woche telefonieren wir miteinander.» **25. Februar 2002** — Tage des Terrors. In einem Haus in Washington sitzt am frühen Morgen ein Konvertit und studiert sein Gebetsbuch. Wie an jedem Tag. Er ist konzentriert, sein Alltag folgt strengen Regeln. Diät, Selbstdisziplin. Er trinkt keinen Alkohol, seine Gedanken, die er auch heute wieder in eine Kamera sprechen wird, sind durchsetzt von religiösem Vokabular und streng fundamentalistischen Ansichten. Wenn er es will, sterben Menschen. Ein Konvertit in einem Haus in Washington. Das Haus ist weiß. George Walker Bush legt das Buch beiseite, steht auf und betet. **4. März 2002** — Bundeskanzler Gerhard Schröder zieht die lederverkleidete Tür hinter sich zu, damit niemand ihn hören kann. «Im Vertrauen», sagt er dann zu Außenminister Joschka Fischer, «ich hasse lederverkleidete Türen.» **3. April 2002** — Plötzlich und unerwartet verstarb heute unsere – **1. Juli 2002** — Mach mit und gewinne mit etwas Glück einen – **5. September 2002** — Operation Cyclone sei Dank: In Afghanistan können die Gegner nun mit amerikanischen Waffen auf amerikanische Soldaten schießen. Die Mudschaheddin, sie heißen jetzt Taliban. Feinde Amerikas. Und lachen sich ins Panzerfäustchen.

> **«Die USA
> haben keine Freunde.
> Nur Interessen.»**
> — *Henry Kissinger*

17. September 2002 — In New York City wetten zwei Männer, wer als Erster von der Polizei verhaftet wird. Der, der einfach nur dasteht und nichts tut, gewinnt. **7. Oktober 2002** — Bei seiner Rede im Museumszentrum in Cincinnati, Ohio, mit der er das amerikanische Volk auf einen Krieg mit dem Irak einschwört, zeichnet George W. Bush noch einmal das Bild der akuten Bedrohung durch die Massenvernichtungswaffen Saddams: «Das irakische Regime besitzt und produziert chemische und biologische Waffen. Es bemüht sich um Nuklearwaffen.» Dass er dabei, wie sonst auch, die korrekte Aussprache des hier so wichtigen Wortes «nuklear» konsequent missachtet, ist nur eine Randnotiz. Es ist schließlich auch sonst alles falsch.

«NUKULAR, DAS WORT HEISST NUKULAR.»

— Homer Simpson

2. November 2002 — Elvis lebt – das Album «Kingtinued» erscheint, auf dem er Lieder singt, die zum Zeitpunkt seines angeblichen Todes noch gar nicht komponiert waren. **22. Dezember 2002** — Berlin. Ulrike Meinhofs Gehirn wird, 26 Jahre nach ihrem Körper, endlich auch auf dem Mariendorfer Dreifaltigkeitsfriedhof beigesetzt. Der Staat geht mittlerweile davon aus, dass es altersmilde geworden ist.

5. Februar 2003 — Vor dem UN-Sicherheitsrat hält US-Außenminister Colin Powell sein Plädoyer für einen militärischen Einsatz im Irak. Er sagt: «Saddam Hussein besitzt chemische Waffen», er sagt auch: «Saddam Hussein und sein Regime verschleiern ihre Bemühungen, mehr Massenvernichtungswaffen zu produzieren.» Und er sagt sogar noch: «Saddam Hussein ist entschlossen, an eine Atombombe zu kommen.» Das Totschlagargument. Dann zeigt er seine Karten, seinen finalen Trumpf. Es ist ein gigantischer Bluff. Die USA sind All-In. Wer geht mit? **7. Februar 2003** — Deutschland schon mal nicht. Rot-Grün steigt aus. Während der Münchner Sicherheitskonferenz erklärt Außenminister Joschka Fischer dem anwesenden Verteidigungsminister der USA, Donald Rumsfeld: «Entschuldigung, aber ich bin nicht überzeugt.» Rumsfeld zeigt sein Pokerface. An diesem Tag in München lächelt er nur ein einziges Mal. In jenem Moment, als Fischer Colin Powell einen Freund nennt. **6. März 2003** — «America is not alone in this sentiment. There are a lot of countries who fully understand the threat of Saddam Hussein», erklärt George W. Bush der Weltöffentlichkeit. Und er hat ja recht. Nachfolgend die Liste der sogenannten «Koalition der Willigen», jener Länder also, die in der Irakfrage mit ihrer gesamten militärischen und moralischen Schlagkraft hinter der Bush-Administration stehen: Äthiopien, Afghanistan, Albanien, Aserbaidschan, Australien, Bulgarien, Dänemark, El Salvador, Eritrea, Estland, Georgien, Großbritannien,

Italien, Japan, Kolumbien, Lettland, Litauen, Mazedonien, Nicaragua, die Niederlande, die Philippinen, Polen, Rumänien, die Slowakei, Spanien, Südkorea, Tschechien, die Türkei, Ungarn und Usbekistan. Einziger Wermutstropfen für den Präsidenten: Amerikanisch-Samoa, Malta und Disneyland sind kurzfristig abgesprungen. Nun muss es auch so gehen. **20. März 2003** — In Gottes Namen. Bevor sie den ersten Schritt ihres Weges gehen, auf dem sie den Krieg über das Land bringen, knien die Männer wie immer gemeinsam nieder und beten. Dann beginnen die US-Soldaten von Kuwait aus mit ihrem Kreuzzug gegen den Irak. **9. April 2003** — Bagdad fällt. Und es ist niemand da, der es auffängt. **1. Mai 2003** — Das ging schnell. Kaum sechs Wochen nach der Invasion im Irak steht George W. Bush triumphgrinsend an Bord des Flugzeugträgers «USS Abraham Lincoln». Mission accomplished – das Banner hängt gut sichtbar in seinem Rücken. Der Krieg ist vorbei. Der nun beginnende Frieden wird Hunderttausende das Leben kosten. **5. Juni 2003** — Jürgen W. Möllemanns letzte Worte, bevor er aus dem Flugzeug springt: «Heute mache ich einen Einzelstern.» **20. Juni 2003** — Die Invasion im Irak bringt die ersten Erfolge. In den drei Monaten seit dem Einmarsch der US-Truppen verzeichnet der DAX einen Anstieg um 24,4 Prozent. Und steht nun bei 3239 Punkten. Bis zum Ende des Jahres sterben im Irak 12 093 Zivilisten. **4. Juli 2003** — Die USA bieten 25 Millionen Dollar für seinen Kopf. Saddam lehnt ab. **12. August 2003** — Sie kennen doch bestimmt dieses Spiel auf der Kirmes, bei dem man, mit einem übergroßen Kunststoffhammer bewaffnet, versuchen muss, eine elektronische Ratte zu erlegen. Eine Ratte, die, einem unvorhersehbaren Muster folgend, in rasender Geschwindigkeit jeweils aus einem der etwa zwei Dutzend Löcher hervorsticht. Sie zu erwischen ist nahezu unmöglich. Und am Ende dieses Spiels, für das man auch noch bezahlt, ist man nur noch ein verschwitzter Idiot mit einer Kunststoffkeule in der Hand, den die anderen Kirmesbesucher mitleidig belächeln. Die Ratte ist da längst schon wieder verschwunden. Das kennen Sie? Gut, dann wissen Sie ja in etwa, wie es den USA auf der Jagd nach Saddam Hussein geht. Immer wieder ist er ihnen in den vergangenen Monaten entwischt, fast täglich hat er seine Verstecke gewechselt. 400 Wohnhäuser, 100 Kilometer Tunnel, umgebaute Lastwagen, als Müllfahrzeuge getarnt. Sie hatten ihn fast, sie schlugen zu, verfehlten ihn. Doch nur Geduld, irgendwann … Und bis dahin vertreiben wir uns die Zeit am Schießstand. **7. Oktober 2003** — Arnold Schwarzenegger wird mit 48,6 Prozent der Stimmen Gouverneur von Kalifornien. Sein Armumfang liegt noch immer bei 56 cm. **13. Dezember 2003** — 20 Kilometer von seiner Geburtsstadt Tikrit entfernt wird Saddam Hussein aus einem Erdloch gezogen. Sein Zustand ist unterirdisch. **21. Dezember 2003** — Bochum. Die junge Frau füllt auf dem Arbeitsamt einen Bedarfsschein aus: «Bedarf: Liebe.»

11. Januar 2004 — Der Jugend von heute kommt das letzte bisschen Heimlichkeit abhanden. **24. April 2004** — Wie fühlen Sie sich? **1. Mai 2004** — Was nun, Mister Bush? Die Koalition der Willigen droht zu zerbrechen. Norwegen, Honduras und die Dominikanische Republik holen ihre Soldaten nach Hause. Bald werden Thailand und die Philippinen folgen. Ein herber Schlag. Eine gute Nachricht aber gibt es: Neuseeland unterstützt die USA weiterhin

mit voller Truppenstärke. Alle neun Mann bleiben im Irak. **10. Juni 2004** — Drei Stunden lang orgelt der Kindermörder Marc Dutroux durch sein Schlusswort, immer schneller werdend, mal lauter, mal leise, mal kalt, mal in einem Tonfall, den er für warm halten mag. Er sieht nicht mehr gut aus, die Haft hat ihm zugesetzt, er ist blass, aufgedunsen, das Haar klebt fettig an seinem Schädel. Wie immer seit Beginn des Prozesses spricht er davon, nur Teil eines viel größeren Netzwerkes gewesen zu sein, eines Netzwerkes, so groß und mächtig, dass er sich im Gerichtssaal nicht davon zu sprechen traue. Wie immer bleibt er im Vagen. Und wie befürchtet bleibt am Ende das schale Gefühl, dass das Urteil, lebenslänglich für drei Morde, nur einen Bruchteil der begangenen Verbrechen sühnt und längst nicht alle Verbrecher bestraft. **8. Juli 2004** — In Miami, Florida, stirbt Albert Francis Capone, Sohn Al Capones, im Alter von 85 Jahren. Bis zu seinem Tode ist er nicht ein einziges Mal mit dem Gesetz in Konflikt geraten. **13. Juli 2004** — Der inzwischen 84-jährige Gail Halvorsen, Held der Berliner Luftbrücke, plant, Süßigkeiten über Schulhöfen im Irak abzuwerfen. Die US-Armee erteilt ihm keine Genehmigung. **26. Dezember 2004** — Tsunami, das heißt «Welle in einem Hafen» auf Japanisch. Seit 7.58 Uhr thailändischer Ortszeit rollt nach einem unterseeischen Erdbeben die schlimmste ihrer Art durch den Indischen Ozean, 500 km/h schnell, ein Weltmeer in wenigen Stunden durchquerend. Als die Fluten sich endlich zurückziehen, ist nichts mehr da. Nichts. Kein Hafen, kein Haus, kein Baum, kein Mensch. 230 000 sterben. Tsunami: Das heißt seit heute auch «Keine Menschen in keinem Hafen». **31. Dezember 2004** — 58,8 Millionen Menschen sind im zurück-

liegenden Jahr insgesamt gestorben. Die Weltgesundheits-
organisation WHO hat die zehn häufigsten Todesursachen
ermittelt. 10. Frühgeburt 9. Verkehrsunfall 8. Lungen-,
Bronchien- und Luftröhrenkrebs 7. Tuberkulose 6. AIDS
5. Durchfallerkrankungen 4. Chronisch-obstruktive Lun-
generkrankungen (Raucherhusten) 3. Lungenentzündung
2. Schlaganfall 1. Herzinfarkt. Zigarette?

7. Januar 2005 — Als Erste der acht Geschwister ihrer Generation stirbt Rosemary Kennedy im Alter von 86 Jahren
eines sogenannten natürlichen Todes. **25. Januar 2005** —
Bevor hier Escort-Gerüchte aufkommen: In einem Au-
tohaus in Großburgwedel kauft sich Bettina Körner, zu-
künftige Wulff, doch keinen Ford. **7. April 2005** — Es ist ja
nichts passiert. Aber es stört doch trotzdem, wenn jemand
einfach hinausgeht, auf die Straße, unter die Leute, als
wäre nichts passiert. **20. April 2005** — Wie die Sätze «Wir
sind Papst» («Bild») und «Der Islam gehört zu Deutschland» (Christian Wulff) zusammenpassen, das muss uns
der Weltgeist aber bei Gelegenheit auch noch mal erklären. **5. Juli 2005** — Berlin. In der Zimmerstraße wird
eine Installation zum Gedenken an Peter Fechter, der an
dieser Stelle von DDR-Grenzsoldaten erschossen wurde,
nach einer Klage des Grundstückseigentümers entfernt.
18. September 2005 — Was man so zueinander sagt (Textbeispiel 6). A: «Ich sage Ihnen: Ich führe Gespräche. Und
ich sage Ihnen heute voraus: Die werden erfolgreich sein.
Wenn Frau Merkel eine Koalition hinkriegt mit der FDP
und den Grünen, dann kann ich dagegen nichts sagen. Das
werde ich auch nicht tun. Aber sie wird keine Koalition
unter ihrer Führung mit meiner sozialdemokratischen

Partei hinkriegen. Das ist eindeutig. Machen Sie sich da gar nichts vor.» **7. Oktober 2005** — Nach einer Voraufführung des Films «Good Night, and Good Luck» monieren weite Teile des Publikums, der Schauspieler, der den Kommunistenjäger Joseph McCarthy spiele, habe stark übertrieben. Dabei sind ausschließlich Originalaufnahmen von McCarthy gezeigt worden. **22. November 2005** — Angela Merkel wird mit 397 der 611 gültigen Stimmen der Abgeordneten des 16. Deutschen Bundestages zur Bundeskanzlerin der Bundesrepublik Deutschland gewählt. Das ist eindeutig. Machen Sie sich da gar nichts vor. **30. November 2005** — Die atlantische Hurrikansaison 2005 geht vorüber. 28 Stürme wurden registriert, ein Rekordwert. Damit haben die 21 vorherbestimmten Namen nicht ausgereicht, um sie alle zu benennen. Die letzten vier heißen Alpha, Beta, Gamma, und Epsilon, drei bleiben namenlos. Wie auch einige der 3913 Toten, die sie gefordert haben.

22. März 2006 — Im Zoo von Kalkutta stirbt das Aldabra-Riesenschildkrötenmännchen Aidwata plötzlich und unerwartet im Alter von 256 Jahren. Noch am Morgen hat es aus vollem Halse «Dann gehen wir ins Maxim» gesungen. **5. Mai 2006** — In den österreichischen Alpen wird ein Braunbär gesichtet, der sich offenbar auf einer Wanderung von Italien nach Norden befindet. Durch die DNS-Analyse von Fellresten kann er als erstgeborener Sohn der Bären Joze und Jurka identifiziert werden, weshalb er den Namen JJ1 trägt. Und nun wieder viel Spaß mit «Und nun zum Wetter» von CK2, UR3 und RB1. **23. Juni 2006** — Weil Bruno, wie JJ1 von den Medien mittlerweile genannt wird, auf seiner Reise reihenweise Schafe reißt, in Hüh-

nerställe eindringt und sich außerdem durch permanen-
te Grenzübertritte der bayrischen Schleierfahndung ent-
zieht, wird er zum Abschuss freigegeben.

> **«Äh, wir haben dann einen Unterschied
> zwischen dem normal sich verhaltenden Bär,
> dem Schadbär und dem, äh, Problembär. [...]
> Wenn die Experten sagen, das ist ein absoluter
> äh, das ist ein absoluter Problembär, äh, da
> gibt es nur die Lösung, ihn zu beseitigen, weil
> einfach die Gefahr so groß ist.»**
>
> *— Edmund Stoiber*

25. Juni 2006 — Was man so zueinander sagt (Textbeispiel 7). *Auf einer Restauranttoilette, in zwei getrennten Kabi-
nen.* A: «Hallo?» — B: «…» — A: «Hallo?» – B: «Äh, hallo?» — A: «Hallo!» — B: «Hallo…» — A: «Wie geht's?» — B:
«Äh, ganz gut. Wieso?» — A: «Du, ich ruf dich gleich zurück, neben mir auf dem Klo sitzt 'n ganz komischer Typ.»
26. Juni 2006 — Vielleicht besser so, bevor er noch zum
Bundeskanzler gewählt wird oder Ronaldinho die Eier ab-
beißt. Im Morgengrauen, gegen 4.50 Uhr wird Problembär
Bruno auf der Kümpflalm im Spitzingseegebiet von Jägern
erledigt und in einem der chronisch überhitzten Internet-
foren umgehend zum «Mahatma Gandhi der bayrischen
Wälder» erklärt. **9. Juli 2006** — Zinedine Zidane begeht
Schlandfriedensbruch. **29. November 2006** — Sie, liebe Leser, werden vom «TIME Magazine» zum Mann des Jahres
gekürt. Auch, das muss man wohl dazusagen, die Frauen

unter Ihnen. **29. Dezember 2006** — Minus 1,2 Grad. Noch nie war es in Basra, Irak, so kalt wie heute. **30. Dezember 2006** — Winter auch in Bagdad. Saddam Hussein kann die Kälte nichts mehr anhaben. Er trägt Strick.

9. Januar 2007 — Endlich! Nie wieder Tischgespräche! Steve Jobs stellt das iPhone vor. **11. Februar 2007** — Der Disney-Star Goofy nimmt sich in seiner Villa in den Hügeln von Hollywood das Leben. In seinem Abschiedsbrief begründet er diesen Schritt mit einer seit Jahrzehnten andauernden Identitätskrise. «Mickey ist eine Maus, Donald eine Ente, Pluto ein Hund. Was bin ich?», schreibt Goofy unter Tränen. «Ich kann kein Hund sein, ich fahre Auto und trage einen Hut. Oh, Gott, das ist verrückt. Was bin ich?» Peng! **3. März 2007** — Höchste Zeit, sich Gedanken zum komplizierten deutsch-baltischen Verhältnis zu machen. **4. März 2007** — Fertig. **23. April 2007** — In einem Kreuzberger Kindergarten bricht der Dritte Weltkrieg aus. Zum Glück: Da ist er auch schon wieder vorbei. **7. Mai 2007** — War ja klar, irgendwie. Bundespräsident Köhler lehnt die Begnadigung von RAF-Mitglied Christian Klar ab. **2. Juni 2007** — In der afrikanischen Steppe wird eine Lope geboren. Endlich mal jemand, der nicht immer nur anti ist. **16. August 2007** — Elvis lebt – er feiert seinen 30. Todestag bei McDonald's. **30. September 2007** — Edmund Stoiber, letzter Herrscher von Strauß' Gnaden, Bewahrer absoluter Mehrheiten und relativer Wahrheiten, tritt vom Amt des bayrischen Ministerpräsidenten zurück. Erst nach Wochen beginnt sich auch sein eingefrorenes Wahlkampfgesicht langsam zu entspannen. **29. Oktober 2007** — Nina Hagen entführt einen Außerirdischen und zeigt ihm mit Hilfe eines Taschenspiegels, wie man richtig masturbiert. **11. Dezember 2007** — Lange nichts aus der Wissenschaft gehört. Wann landet eigentlich der erste Mensch auf der Sonne? **15. Dezember 2007** — Der englische TV-Sender BBC führt eine Umfrage durch: «Was ist die schlimmste Erfindung aller Zeiten?» Das Ergebnis: 10. Religion 9. Radarfallen 8. Fastfood 7. Zigaretten 6. Autos 5. Fernsehen 4. Das Elektrofahrzeug «Sinclair 5» 3. Atomenergie 2. Mobiltelefone 1. Waffen. Zigarette? **18. Dezember 2007** — Das «TIME Magazine» zählt Barack Obama, Senator von Illinois, zu den einhundert einflussreichsten Personen der Welt. Außerdem wird eine Flechtenart, entdeckt auf der kalifornischen Insel Santa Rosa, nach ihm benannt: Caloplaca obamae. **24. Dezember 2007** — Diverse Weihnachtsbäume brennen, wie an jedem verdammten 24. Dezember in diesem verdammten Jahrhundert. Doch heutzutage holt man in solchen Situationen ja keinen Feuerlöscher mehr, sondern das Fotohandy. Hier, guck mal: Das war unser Weihnachten. Was wäre eigentlich gewesen, wenn die Leute 1945 in Dresden und Hamburg schon Fotohandys gehabt hätten?

4. Januar 2008 — Der Kampf gegen die RAF dauert noch immer an, wenngleich er mittlerweile mit Wattebäuschchen geführt wird. Der seit 25 Jahren inhaftierte Christian Klar soll in Beugehaft genommen werden, um endlich eine Aussage zum Mord an Generalstaatsanwalt Siegfried Buback 1977 zu machen. Kurz bevor Klar angesichts dieser drastischen Sanktion umfassend auspackt, wird seiner Beschwerde stattgegeben; er müsse sich nicht selbst belasten. **14. Januar 2008** — In Fortaleza, Brasilien, wird ein

Flugzeug namens «Landshut» offiziell für fluguntauglich erklärt und außer Dienst gestellt. **23. März 2008** — «Top» Angebot: Jean's! **7. Mai 2008** — Der israelische Staatspräsident Schimon Peres vergleicht den iranischen Präsidenten Mahmud Ahmadinedschad mit Adolf Hitler. **8. Mai 2008** — Ahmadinedschad fühlt sich auch einen Tag später noch immer geschmeichelt. **9. Mai 2008** — Guido Knopp vergleicht Tom Cruise mit Goebbels. **10. Mai 2008** — Tom Cruise fühlt sich auch einen Tag später noch immer nicht geschmeichelt. **12. Juni 2008** — In China fällt ein Sack Reis um. Das interessiert im Westen naturgemäß niemanden. Noch uninteressanter ist allenfalls, dass dieser Sack infolge von Lebensmittelspekulationen, Unwettern, dem hohen Ölpreis und dem schwachen Dollar dreimal so viel kostet wie noch vor einem Jahr. **3. Juli 2008** — Erstaunlich: Ein Greis, der in einem Hamburger Krankenhaus im Sterben liegt, sagt unmittelbar vor seinem Tod: «Anführungszeichen oben.» **15. August 2008** — Der Pinguin Nils Olav besucht die königliche Garde von Norwegen und wird vom norwegischen König Harald V. zum Ritter geschlagen. Dem Anlass angemessen, trägt Nils Olav Frack. **4. November 2008** — Yes we can. Beziehungsweise: Yes we scan. Aber das sollte man besser nicht so laut sagen. Es hören ja so viele mit heutzutage. **22. November 2008** — Bekannter als Jesus? 40 Jahre nach dem Erscheinen des Weißen Albums verzeiht der Vatikan John Lennon. **29. November 2008** — Nelson Mandela wird unter George W. Bush von der Beobachtungsliste gestrichen. Gibt ja mittlerweile genug andere Terroristen. **11. Dezember 2008** — Als hätte es Thomas Bernhard nie gegeben – und gewissermaßen hat es ihn in Österreich ja auch nie gegeben –, wird der Begriff

«Lebensmensch» deswegen zum österreichischen «Wort des Jahres 2008», weil ein gewisser Stefan Petzner mit ihm hemmungslos heulend den Verlust des Rechtspopulisten Jörg Haider, «Mann meines Lebens», beklagt. Und im Himmel sitzt Thomas Bernhard mit Hedwig Stavianicek und kriegt sich nicht mehr ein vor Lachen.

15. Januar 2009 — Wenn es zu Murphy's Law, nach dem alles, was schiefgehen kann, auch schiefgehen wird, ein Gegenstück gibt, dann könnte es Sully's Law heißen. Als der US-Airways-Flug 1549 von New York nach Seattle nur sechs Minuten nach dem Start wegen Vogelschlags auf dem Hudson River notwassern muss, funktioniert ein einziges Mal alles so gut, wie es nur funktionieren kann. Flugkapitän Chesley «Sully» Sullenberger ist mit seiner Erfahrung als Pilot, Ausbilder, Unfallexperte und Sicherheitsfachmann der beste nur denkbare Mann für die Situation und bringt die Maschine mit einer Meisterleistung vollkommen kontrolliert aufs Wasser, die Crew evakuiert das Flugzeug nach dem Aufprall innerhalb von kürzester Zeit auf die Tragflächen, und drei Minuten nach der Notwasserung treffen bereits die ersten Fähren zur Rettung der Passagiere am schwimmenden Wrack ein. Eine tiefe Schnittwunde am Bein einer Flugbegleiterin ist die schwerste Verletzung aller 155 Personen an Bord. Dass wir das, nach nunmehr 95 Jahren in diesem Scheißjahrhundert, noch erleben dürfen! **20. Januar 2009** — Erleben heute die Amtseinführung des neuen US-Präsidenten Barack Obama: Melba Pattilo Beals, Elizabeth Eckford, Ernest Green, Gloria Ray Karlmark, Carlotta Walls Lanier, Terrence Roberts, Jefferson Thomas, Minnijean Brown

Trickey, Thelma Mothershed-Wair (Little Rock Nine), Muhammad Ali, John Lewis, Jesse Jackson, Tommie Smith, John Carlos, Charles Evers, Rodney King. Nicht dabei: Martin Luther King (ermordet 1968), Malcolm X (ermordet 1965), Harry Moore (ermordet 1951), Harriette Moore (ermordet 1951), Fred Hampton (ermordet 1969), Medgar Evers (ermordet 1963), Huey P. Newton (ermordet 1989). **21. Januar 2009** — No we cannot. Aber das will ja niemand hören. **26. Januar 2009** — Der Unterschied zwischen der Ersten und der Dritten Welt? In Europa gibt es: Kinder Bueno, Kinder Choco Fresh, Kinder Country, Kinder Délice, Kinder Freude, Kinder Friends, Kinder Happy Hippo, Kinder Happy Hippo Crocky, Kinder Joy (nur zwischen Mai und Juli), Kinder Maxi King, Kinder Paradiso, Kinder Pinguí, Kinder Pinguí Cocos und Kakao, Kinder Riegel, Kinder Schokolade, Kinder Schoko-Bons und Kinder Überraschung. In Afrika gibt es: Kindersoldaten. **25. Juni 2009** — Who's dead? Die Welt trauert um Michael Jackson bzw. um den, der er mal war. **1. Juli 2009** — Der FC Bayern München verpflichtet den Niederländer Louis van Gaal, der sich bald als Problemtrainer erweist. Er folgt auf den normal sich verhaltenden Trainer Jupp Heynckes und den Schadtrainer Jürgen Klinsmann. **14. Oktober 2009** — Peter Scholl-Latour vergleicht Goebbels mit Goebbels.

> **«Vielleicht wird von Joseph Goebbels
> nicht mehr im Bewusstsein der
> Nachwelt bleiben als sein zur Denunziations-
> Stereotype gewordener Name.»**
> — *Helmut Heiber*

26. November 2009 — Bundeskanzlerin Angela Merkel spricht Arbeitsminister Franz-Josef Jung, der wegen der «Kunduz-Affäre» genannten Bombardierung eines Tanklastwagens in Afghanistan mit rund 142 Toten in seiner Zeit als Verteidigungsminister unter Druck steht, ihr «volles Vertrauen» aus. **27. November 2009** — Franz-Josef Jung tritt vom Amt des Arbeitsministers zurück. **25. Dezember 2009** — Weil es einem Terroristen, der jedoch von Passagieren überwältigt wird, gelingt, 80 Gramm Sprengstoff an Bord eines Flugzeugs von Amsterdam nach Detroit zu schmuggeln, wird weltweit über die Einführung sogenannter Nacktscanner an Flughäfen diskutiert, die – das nur nebenbei – das verwendete Nitropenta auch nicht gefunden hätten. Vollkommen unberücksichtigt bleibt bei der kontroversen Diskussion die Frage, ob die Geräte, richtig eingesetzt, nicht die Erotik in Zeiten des Internetpornos retten könnten, da sie doch immer noch mehr verschleiern, als sonst fortwährend enthüllt wird.

1. Januar 2010 — 2010 ist, so hat es eine christliche Initiative beschlossen, das «Jahr der Stille». «Gottes Lebensrhythmus entdecken», steht auf den dazugehörigen Plakaten. Haiti hört ganz genau hin. **12. Januar 2010** — Haiti ist bereits das ärmste Land der westlichen Hemisphäre, als es von einem Erdbeben der Stärke 7,0 pulverisiert wird. 316 000 Menschen sterben, fast ein Fünftel der Bevölkerung wird obdachlos, die finanziellen Schäden übersteigen das Bruttoinlandsprodukt des Landes. Gottes Lebensrhythmus? Haiti weiß jetzt: ER hat auch schlechte Tage. **8. Februar 2010** — Weltsensation: Reinhold Messner hält sich erstmals seit Jahrzehnten in einem Tal auf! Und in was für einem: Er ist heute zu Gast in Reinhold Beckmanns Talksendung. Ohne künstlichen Sauerstoff. **31. Mai 2010** — Bundespräsident Horst Köhler, der große Beleidigte von Bellevue, Verteidiger deutscher Handelswege am Hindukusch und am Horn von Afrika, tritt zurück, weil er den «Respekt für mein Amt» vermisst. Dass der fehlende Respekt möglicherweise doch eher mit seiner Person zu tun hat, illustrieren die dahingeschluderten Abschiedsworte, die ihm Bundeskanzlerin Angela Merkel hinterherwirft: «Ich bedaure diesen Rücktritt aufs allerhärteste.» Ein Satz wie eine Überdosis Viagra. **19. August 2010** — Geht doch. Nachdem der Irak jetzt eine stabile, sichere Demokratie mit vorbildlicher Verwaltung und ohne Massenvernichtungswaffen ist, schließen die USA den Abzug ihrer Kampftruppen ab. **1. Oktober 2010** — Die baden-württembergische Landesregierung unter Stefan Mappus (CDU) erklärt den Stuttgart-21-Gegnern den Krieg. Die verstehen nur Bahnhof. **9. Oktober 2010** — Der Film «Honest Man: The Life of R. Budd Dwyer» beweist die Unschuld des TV-Selbstmörders von 1987. **9. November 2010** — Haiti. Eine Choleraepidemie erreicht Port-au-Prince. Und dann noch ein Hurrikan, der die Cholera indirekt verstärkt, Notunterkünfte zerstört, 21 Menschen tötet. Das war 2010 für dieses Land. Das Jahr der Stille. **25. November 2010** — Der wärmste November seit August.

«Schreiben Sie das nicht auf. Wenn es auf dem Papier steht, dann wird es auch wahr.»

— Anton Schlecker angesichts von 400 Millionen Euro Verlust in den Jahren 2005–2010 zu seinem Finanzvorstand

6. Dezember 2010 — Als Dieter Zlofs Mutter stirbt, vermacht sie dem Entführungsopfer ihres Sohnes, dem Milliardär Richard Oetker, eine Summe von 5000 Euro. **17. Dezember 2010** — Von Tunesien aus breitet sich der Arabische Frühling aus. «Und die Kinder spielen mit der Sonnenleiche Fußball.» (Etel Adnan) **20. Dezember 2010** — Was man so zueinander sagt (Textbeispiel 8). A: «Ich bin ja so enttäuscht von dir.» — B: «Echt?» — A: «Ohne Ende.» — B: «Das ist natürlich blöd jetzt.»

17. Februar 2011 — Bundeskanzlerin Angela Merkel spricht Verteidigungsminister Karl-Theodor Maria Nikolaus Johann Jacob Philipp Franz Joseph Sylvester Freiherr von und zu Guttenberg, der wegen einer Plagiatsaffäre um seine Doktorarbeit unter Druck steht, ihr «volles Vertrauen» aus. **1. März 2011** — Karl-Theodor Maria Nikolaus Johann Jacob Philipp Franz Joseph Sylvester Freiherr von und zu Guttenberg tritt vom Amt des Verteidigungsministers zurück. **10. März 2011** — «Spiegel-TV» inszeniert die erste persönliche Begegnung zwischen Arno Funke und dem ehemaligen Chef der Soko «Dagobert», Michael Daleki. Die beiden Männer treffen sich an jenem stillgelegten Gleis, an dem im Januar 1994 eine Geldübergabe misslungen war. Funke ist früher da, Daleki kämpft sich die Böschung hoch. Dann Händeschütteln. «Wiedererkannt?» — «Ja.» — «Herr Funke, geht's gut?» — «Ja, mir geht's so weit gut.» — «Gut.» — «Ihnen? Sie sehen ja noch gut aus.» — «Finden Sie?» — «Ja!» Die Männer lachen. Und Funke, der mittlerweile als Karikaturist arbeitet, schenkt Daleki eine Daleki-Zeichnung. «Gut getroffen», sagt Daleki und fragt: «Das Ganze, was sich damals abgespielt hat, die ganze Tat, abgehakt?» Funke: «Manchmal habe ich Albträume vom Knast.» Daleki: «Strafe musste ja sein. Was Sie gemacht haben, war ja auch nicht ohne.» Dann laufen sie die Gleise entlang, unterlegt mit Klavierklängen. Und bevor man noch überlegt, was diese Bilder nun zu bedeuten haben, nimmt uns die Stimme des Sprechers das Denken ab: «Versöhnliches Ende eines historischen Kriminalfalls.» Da sind wir jetzt aber erleichtert, dass das noch geklappt hat. Sehen Sie an gleicher Stelle demnächst, wie Jan-Philipp Reemtsma seinen Entführer Thomas Drach auf eine Versöhnungszigarette trifft: «Wiedererkannt?» — «Nein!» **11. März 2011** — Fukushima. Die Natur hat versagt.

**«Auf dem Seerosenblatt
ein Frosch.
Aber was macht er für
ein Gesicht?»**

— *aus Japan*

23. März 2011 — Auch in der Schweiz reagiert man nun auf die Katastrophe von Fukushima. Der Fernsehsender SRF verhängt ein Sendeverbot für jene Episoden der Zeichentrickserie «Die Simpsons», die sich explizit mit AKW-Pannen beschäftigen. Endlich tut mal jemand was. **2. Mai 2011** — «Ich freue mich...», sagt Bundeskanzlerin Angela Merkel, ihre Mundwinkel heben sich, und als wäre das nicht schon erstaunlich genug, fügt sie hinzu: «...dass es gelungen ist, Bin Laden zu töten.»

«And I remember as I watched him
breathe out the last part of air,
I thought: Is this the best thing I've
ever done, or the worst thing
I've ever done? This is real and
that's him. Holy shit.»

— *Der Navy-Seal, der Osama Bin Laden erschoss*

3. Juli 2011 — «Dumm sein und Arbeit haben», sagte Gottfried Benn, «das ist das Glück.» Dumm sein und keine Arbeit haben, das ist RTL 2. **1. August 2011** — Was man so zueinander sagt (Textbeispiel 9). Kind: «Und wenn ich Zauberer bin, dann zaubere ich, dass ich nicht mehr zaubern kann.» – Mutter: «So, so. Dann mach mal.» **13. September 2011** — Neueste Erkenntnis aus der Theologie: Es gibt den Teufel nicht. Das ist nur Gott, wenn er betrunken ist. **14. September 2011** — Meine Güte, haben wir Schiss, dass uns der Plagiatsjäger Robert Schmidt jetzt auch drankriegt. **5. Oktober 2011** — Stevie Himmelfahrt: Apple-Gründer Steve Jobs, der Jesus Christus des 21. Jahrhunderts, geht von uns. **4. November 2011** — Beate Zschäpe ist mundlos unglücklich. **18. November 2011** — Im Zuge der Umwandlung der winzigen Filialen in sogenannte XL-Märkte entlässt die Drogeriekette Schlecker über 4000 Mitarbeiter, die für etwa die Hälfte ihres bisherigen Verdienstes von der Zeitarbeitsfirma Meniar übernommen und wieder an Schlecker zurückvermittelt werden. Leider muss diese Praxis beendet werden, als herauskommt, dass Meniar den Schlecker-Kindern Meike und Lars gehört und vom Personalchef der Drogeriekette, Alois Over, geführt wird. Was bleibt, sind massiver Brechreiz und einer der miesesten Euphemismen des Jahrhunderts: «Meniar» steht für «Menschen in Arbeit». Man kann's ja mal probieren. **12. Dezember 2011** — Der Präsident ist auf dem Weg zum Emir.

> **«Ich bin der Präsident**
> **In meinem Leben ist was los**
> **Ich werde heute eine Fähre taufen**
> **Und die Flasche ist so groß.»**
>
> — *Reinald Grebe, «Ich bin der Präsident»*

14. Dezember 2011 — Bundeskanzlerin Merkel spricht Bundespräsident Christian Wulff, der wegen Korruptionsvorwürfen unter Druck steht, ihr «volles Vertrauen» aus. **18. Dezember 2011** — Während der heute offiziell endenden Besetzung des Irak sind laut Schätzungen 393 000 bis 942 000 Menschen umgekommen – dazwischen liegt eine Spanne von 549 000, genau so viele Einwohner hat Kopenhagen. 549 000 Menschen, von denen man nicht weiß, in welche Statistik sie gehören: tot oder lebendig? Und sie selbst, sie wissen es oftmals auch nicht so genau.

1. Januar 2012 — Zehn Jahre Euro! Also, wir rechnen ja immer noch in D-Mark um. 20 Mark für dieses Buch! Die haben sie doch nicht mehr alle. **30. Januar 2012** — «Ich glaube, Sie haben das nicht verstanden: Es ist nichts mehr da.» Meike Schlecker bebt bei der Pressekonferenz, dem ersten öffentlichen Auftritt eines Mitglieds ihrer Familie seit

zwanzig Jahren, in ihren Augen stehen Tränen. Die Drogeriekette Schlecker muss Insolvenz anmelden und mit ihr
der Besitzer, denn Patriarch Anton Schlecker haftet als ein-
getragener Kaufmann mit seinem Privatvermögen. Später
stellt sich heraus, dass wir das tatsächlich überhaupt nicht
verstanden haben: Das Nichts, von dem hier die Rede ist,
beläuft sich auf 35 bis 40 Millionen Euro, die nicht Anton
Schlecker, sondern seiner Frau Christa und den Kindern gehören. Die armen Schleckers. Man kann's ja mal probieren.
6. Februar 2012 — Fakt ist: **17. Februar 2012** — Christian
Wulff tritt vom Amt des Bundespräsidenten zurück. **22. Februar 2012** — Wie viele Steine sind Ihnen heute vom Herzen gefallen? **4. März 2012** — Moskau. Wahlen in Russland.
Putin wird erneut KGB-Chef, oh, Verzeihung, Präsident.
Mit 61 Prozent. Viele Russen schwören jedoch weiterhin
eher auf Gorbatschow. Der hat nur 37,5 Prozent, dafür aber
eine reine Seele. Na Sdorowje! **4. April 2012** — Der Tag des
Tages. **11. Mai 2012** — Köln. Ein Taxifahrer liest Kafka. Fährt
trotzdem los. **19. Mai 2012** — Zehn Jahre «War on Terror».
Die Vereinigung «International Physicians for the Preven-
tion of Nuclear War» veröffentlicht den Zwischenstand im
Bodycount. Bis jetzt sollen in Afghanistan, Pakistan und
im Irak etwa 1,7 Millionen Menschen umgekommen sein.
Und das ganz ohne Massenvernichtungswaffen! **27. Mai
2012** — Wovor die Deutschen, laut einer Umfrage der R + V-
Versicherung, am meisten Angst haben: steigende Lebens-
haltungskosten (63 %), Überforderung der Politiker (55 %),
schlechtere Wirtschaftslage (52 %), Naturkatastrophen
(52 %), Pflegefall im Alter (50 %), schwere Erkrankung
(46 %), Spannungen durch Ausländer (41 %). Nein, wir bedauern, liebe Leser, gegen überforderte Politiker und Aus-

länder kann man sich leider nicht versichern. Aber wir hätten hier diese wunderbare... **1. Juni 2012** — Es ist vorbei, Schlecker wird zerschlagen. 23 400 Mitarbeiter, die meisten von ihnen Frauen, verlieren ihren Job, 22 000 Gläubiger werden auf den Außenständen von insgesamt einer Milliarde Euro sitzenbleiben, und das einzig Tröstliche daran ist, dass das auch für Lars und Meike Schlecker gilt, die tatsächlich Forderungen von 176 Millionen Euro geltend machen. Man kann's ja mal probieren. **7. Juni 2012** — Familienministerin Ursula von der Leyen hat die brillante Idee, Ex-Mitarbeiterinnen von Schlecker im Schnellverfahren zu dringend benötigten Erzieherinnen und Altenpflegerinnen umschulen zu lassen. Durch ihre Lebenserfahrung seien sie für die Jobs, die normalerweise eine drei- bis fünfjährige Ausbildung erfordern, bestens qualifiziert. Ein Argument, das, genauer betrachtet, Altersarbeitslosigkeit generell ziemlich überflüssig macht. Dass die Schleckerfrauen durch ihre zusätzliche Erfahrung mit schlechter Bezahlung und miesen Arbeitsbedingungen eigentlich schon überqualifiziert sind, erwähnt von der Leyen nicht. **17. Juni 2012** — Hamburg. Der Nackte in der U-Bahn hat die Beine auf den Sitz gelegt und schaut aus dem Fenster: An der Station warten die Angezogenen. Verrückte, denkt er, alles Verrückte. **3. Juli 2012** — Berlin. Am Checkpoint Charlie kauft sich ein spanischer Tourist eine Fellmütze aus den Restbeständen der Roten Armee, setzt sie auf und macht den Hitlergruß. **5. August 2012** — «Das Spektakel nimmt seinen Lauf, Powell ist gut rausgekommen, Bolt kommt, Bolt kommt, Bolt kommt, Bolt gewinnt, ist nicht zu halten. Neun Komma sechs vier.» (Wolf-Dieter Poschmann) **3. September 2012** — Aus Umwelt und Forschung: Deutsche Wissenschaftler planen,

Bäume mit Funkmasten auszurüsten. Das hätte den begrüßenswerten Nebeneffekt, dass sich die Telekommunikationsunternehmen an den Kosten der Aufforstung beteiligen könnten. Bislang waren Bäume kein attraktives Investitionsobjekt: Sie produzieren nur den Sauerstoff, den wir atmen. **6. Oktober 2012** — Großartig! Herrlich! Sensationell! Wow! Markus Lanz moderiert erstmals «Wetten, dass ..?» **7. Oktober 2012** — Großartig! Herrlich! Sensationell! Wow! Im ZDF-Vormittagsprogramm läuft die Wiederholung von «Wetten, dass ..?» **8. Oktober 2012** — Großartig! Herrlich! Sensationell! Wow! Wir haben einen Termin beim Psychiater, weil wir nicht mehr aufhören können, «Großartig! Herrlich! Sensationell! Wow!» zu sagen. **15. Oktober 2012** — Bundeskanzlerin Merkel spricht Bildungsministerin Annette Schavan, die wegen einer Plagiatsaffäre um ihre Doktorarbeit unter Druck steht, ihr «volles Vertrauen» aus. **3. November 2012** — In Washington, USA, wird ein Terrorismus-Experte von einem herabfallenden Fernseher erschlagen. **16. Dezember 2012** — Das «TIME Magazine» kürt US-Präsident Barack Obama zum Mann des Jahres. Außerdem wird als Anerkennung für seine Umweltpolitik eine in diesem Jahr entdeckte Springbarschart nach ihm benannt: Etheostoma obama. **21. Dezember 2012** — Weltuntergang, verkündet vom Regisseur Roland Emmerich, wahrscheinlich aufgrund des nachlassenden Erfolgs seiner Weltuntergangsfilme. **31. Dezember 2012** — Das Jahr des Jahres: 2012! Großartig! Herrlich! Sensationell! Wow!

5. Januar 2013 — Regen in Wuppertal. Großartig! Herrlich! Sensationell! Wow! **7. Januar 2013** — Niemand hat die Absicht, einen Flughafen zu errichten. **11. Januar 2013** — Der

Höhepunkt der Resozialisierung: Arno Funke wird Kandidat in der RTL-Show «Ich bin ein Star, holt mich hier raus». Im Dschungel muss er zehn Tage mit Olivia Jones, Helmut Berger und neun anderen sogenannten Prominenten verbringen. Die Gage, 40 000 Euro, geht direkt an den Karstadt-Konzern. Im Vergleich dazu sind Albträume vom Knast ein Sommertag in Entenhausen. Ist vielleicht erst das die Strafe, von der Daleki gesprochen hat? **22. Januar 2013** — Menü im Dschungelcamp: Gekochte Ziegenzunge und Kotzfrucht in Scheiben; Rohes Fischauge in klarer Brühe; Gekochter Kamelpenis; Lebende Sandwürmer in roter Soße; Kamelblut mit Kamelleber-Flavour; Pizza mit verschiedenen Insektenarten (Mehlwürmer, Kakerlaken, Regenwürmer und Grillen); Schafshoden. Marktanteil in der Gruppe der 14- bis 49-Jährigen: 45,1 Prozent. **6. Februar 2013** — Da es bislang noch keine Wirkung gezeigt hat, spricht Bundeskanzlerin Merkel Bildungsministerin Schavan erneut ihr «volles Vertrauen» aus. **9. Februar 2013** — Geht doch. Annette Schavan tritt vom Amt der Bildungsministerin zurück.   **+++ Breaking News +++ Gott kündigt Rücktritt an +++ Mehr dazu in Kürze +++ Breaking News +++ Gott kündigt Rücktritt an +++ Mehr dazu in Kürze +++ Breaking News +++ Gott kündigt Rücktritt an +++ Mehr dazu in Kürze +++ Breaking News +++ Gott kündigt Rücktritt an +++ Mehr dazu in Kürze +++ Breaking News +++ Gott kündigt Rücktritt an +++ Mehr dazu in Kürze +++ Breaking News +++ Gott kündigt Rücktritt an +++ Mehr dazu in Kürze +++ Breaking News +++ Gott kündigt Rücktritt an +++ Mehr dazu in Kürze +++ Breaking News +++ Gott kündigt Rücktritt an +++ Mehr dazu in Kürze+++ Breaking News +++ Gott kündigt Rücktritt an +++ Mehr dazu in Kürze +++**

11. Februar 2013 — Entgegen ersten Meldungen war es doch nur Papst Benedikt XVI., der heute in Rom seinen Rücktritt zum Monatsende angekündigt hat. Wir bedauern die Verwechslung. **21. Februar 2013** — Aus der «Bild»-Zeitung: «Alles aus! Er mochte ihren falschen Busen nicht und sie nicht seine Kinder.» **27. Februar 2013** — Nun sind wir uns sogar unsicher, wenn wir Bilder aus Nordkorea sehen: Sind auch das alte tschechische Märchenfilme? **3. April 2013** — Was man so zueinander sagt (Textbeispiel 10): A: «Hat man dir das Herz gebrochen?» — B: «Ja, aber du solltest erst mal den anderen Typen sehen!» **11. Mai 2013** — Aus den 18-Uhr-Nachrichten zum demographischen Problem: «Wir werden immer älter, wir werden immer weniger.» Gilt übrigens für jeden Einzelnen.

«ES IST SOMMER GEWORDEN GEGEN MEINEN WILLEN.»

— *Wolfgang Herrndorf*

11. Juni 2013 — Istanbul. Weil er keinen Park mehr findet, scheißt ein Hund in ein neu gebautes Einkaufszentrum. **15. Juni 2013** — Ein Dreiviertelmensch kauft sich eine Dreiviertelhose.

> **«Wir sind jetzt gerade**
> **im Sommer der Entscheidungen.**
> **Und dann kommen der**
> **Herbst und dann der Winter**
> **der Entscheidungen.**
> **Jetzt kommen überhaupt**
> **nur noch Entscheidungen.»**
>
> — *Angela Merkel im «Focus»*

17. Juni 2013 — John Martorano, Auftragskiller der Bostoner Mafia, sagt vor Gericht aus, er habe sich nach einem erledigten Mord in ein Café gesetzt, «um Zeit totzuschlagen». **19. Juni 2013** — Apropos Mafia: Der Schauspieler James Gandolfini, bekannt für seine Rolle als Tony Soprano, erliegt im Italien-Urlaub einem Herzinfarkt. Wäre er doch nur zu Hause geblieben! Doch der Rat, den ein amerikanischer Hirnforscher ihm im Nachrichtenmagazin «Der Spiegel» erteilt, er kommt einfach zu spät: «Wäre Gandolfini bei uns in New York gestorben, könnte er noch leben.» **26. Juli 2013** — Menschenrechtler unter sich. Um eine Auslieferung des Geheimnisverräters Edward Snowden zu erreichen, versichern die USA den russischen Behörden, für den Whistleblower nicht die Todesstrafe zu beantragen und ihn nicht einmal ein kleines bisschen zu foltern. Großes Pfadfinderehrenwort. Putin daraufhin ratlos: «Was wollen die dann mit ihm?» **1. August 2013** — Der Werbung sei Dank: Obwohl die Tage jetzt 48 Stunden haben, schwitzt niemand mehr. Hören Sie dazu einen Kommentar von Ulrich Deppendorf vom Westdeutschen Rundfunk. **5. August 2013** — Berlin. Im Schaufenster eines Schlachters: Ein träumendes Porzellanschwein, über ihm baumeln Würste. Sind sie etwa Engel, aus Sicht des Schweins?

**«To say it in a vulgar way,
Lady Gaga is not my type!»**

— *Slavoj Žižek*

6. August 2013 — Na Na Nana Na. **11. August 2013** — Sie werden es nicht glauben, liebe Leser, aber wie wir eben erfahren haben, will uns Prince Alyusi Islassis von der Central Bank of Nigeria vier Millionen US-Dollar überweisen, wenn wir 100 000 Dollar als Sicherheit hinterlegen. Er will uns sogar persönlich in Lagos treffen und hat mit «Yours truly» unterschrieben. Dass wir nach fast 100 Jahren endlich auch mal Glück haben! Danke, Prince Alyusi Islassis! Danke, Central Bank of Nigeria! **13. August 2013** — Im Berliner Promi-Restaurant Borchardt trägt der Kellner die leeren Teller ab. «Alles vom Tisch», sagt Kanzleramtschef Ronald Pofalla zufrieden – und erklärt das Abendessen für beendet. **19. August 2013** — 100 Jahre Fließbandarbeit! 100 Jahre Fließbandarbeit! 100 Jahre Fließbandarbeit! 100 Jahre Fließbandarbeit!

100 Jahre   Fließbandarbeit!   100 Jahre   Fließbandarbeit!
100 Jahre   Fließbandarbeit!   100 Jahre   Fließbandarbeit!
100 Jahre   Fließbandarbeit!   100 Jahre   Fließbandarbeit!
100 Jahre   Fließbandarbeit!   100 Jahre   Fließbandarbeit!
100 Jahre   Fließbandarbeit!   100 Jahre   Fließbandarbeit!
100 Jahre   Fließbandarbeit!   100 Jahre   Fließbandarbeit!
100 Jahre   Fließbandarbeit!   100 Jahre   Fließbandarbeit!
100 Jahre   Fließbandarbeit!   100 Jahre   Fließbandarbeit!
100 Jahre   Fließbandarbeit!   100 Jahre   Fließbandarbeit!
100 Jahre   Fließbandarbeit!   100 Jahre   Fließbandarbeit!
100 Jahre   Fließbandarbeit!   100 Jahre   Fließbandarbeit!
100 Jahre   Fließbandarbeit!   100 Jahre   Fließbandarbeit!
100 Jahre   Fließbandarbeit!   100 Jahre   Fließbandarbeit!
100 Jahre   Fließbandarbeit!   100 Jahre   Fließbandarbeit!
100 Jahre   Fließbandarbeit!   100 Jahre   Fließbandarbeit!
100 Jahre   Fließbandarbeit!   100 Jahre   Fließbandarbeit!
100 Jahre   Fließbandarbeit!   100 Jahre   Fließbandarbeit!
100 Jahre   Fließbandarbeit!   100 Jahre   Fließbandarbeit!
100 Jahre   Fließbandarbeit!   100 Jahre   Fließbandarbeit!
100 Jahre   Fließbandarbeit!   100 Jahre   Fließbandarbeit!
100 Jahre   Fließbandarbeit!   100 Jahre   Fließbandarbeit!
100 Jahre   Fließbandarbeit!   100 Jahre   Fließbandarbeit!

100 Jahre ... **20. August 2013** — Max Mannheimer, Auschwitz-Überlebender und SPD-Mitglied, empfängt Bundeskanzlerin Angela Merkel an der KZ-Gedenkstätte Dachau. Hinterher sagt er: «Ein solcher Besuch bringt keine Wählerstimmen.» Das weiß auch Angela Merkel. Sie hält zu diesem Zeitpunkt bereits ihre nächste Rede. In einem Bierzelt auf dem Dachauer Volksfest.

> **«Aufgrund eines redaktionellen
> Fehlers ist auf der Leserbrief-Seite
> am Montag zur Illustration der
> Probleme am Mainzer Hauptbahnhof
> ein Bild vertauscht worden. Statt des
> vorgesehenen Fotos wurde ein Bahngleis
> auf dem Gelände von Auschwitz-
> Birkenau auf der Seite abgebildet.
> Wir bedauern diesen Fehler und bitten
> um Entschuldigung.»**
>
> — *»Süddeutsche Zeitung« vom 20. August 2013*

22. August 2013 — Das ist der Durchbruch! Der «Rolling Stone» schreibt, und nicht nur Elvis liest gebannt mit: «2011 ersteigerte der kanadische Zahnarzt Michael Zuk einen Backenzahn von John Lennon. Mit Hilfe von Experten möchte er nun die darin enthaltene DNA entschlüsseln und bald einen Klon des ehemaligen Beatles-Sängers auf die Welt bringen.» Aber sind nicht alle Toten zugleich auch Ehemalige? Und ist ein Klon dann ein ehemaliger Toter? Und war es das, was Lennon meinte, als er – noch nicht tot – sang: «You may say I'm a dreamer, but I'm not the only one»? **23. August 2013** — Wir möchten übrigens «mit Hilfe von Experten» unfassbar reich werden. **29. August 2013** — Israel. Während einer ausschweifenden Party, im Sog der Musik eines Nachtclubs in Hebron, vergessen israelische Soldaten einen Moment lang sich selbst und tanzen, in voller Montur und schwer bewaffnet, mit ebenfalls anwesenden Palästinensern. Gangnam Style. Unter dem Beifall der Tanzenden wird ein Israeli von einem

Palästinenser auf den Schultern über die Tanzfläche getragen. Sechs Tage Krieg. Eine Nacht Frieden. Für ihren Beitrag zur Völkerverständigung im Westjordanland erhalten die Soldaten hinterher eine nicht näher definierte Strafe. **30. August 2013** — Gerade einmal die Hälfte der 23 000 Schleckermitarbeiterinnen hat einen neuen Job gefunden – 81 davon als Erzieherin –, da gibt der Filmproduzent Nico Hofmann («Dutschke», «Rommel», «George») bekannt, mit Katharina Thalbach für RTL eine Komödie über das Schicksal von fünf Berliner Beschäftigten drehen zu wollen, die sich gegen die Schließung ihrer Filiale wehren. Ob es wohl ein Happy End gibt? In der Kita? Man könnte es ja mal probieren. **3. September 2013** — Die sogenannte Schauspielerin Christine Neubauer nimmt laut Werbung ein Kilogramm pro Woche ab. Noch 95 Wochen also, liebe Leser, dann sind wir sie los! **5. September 2013** — Während die USA mit sich ringen, ob sie Syrien bombardieren wollen, schreibt eine junge Amerikanerin auf Twitter: «Put too much balsamic vinegar on my salad and now I'm dying.» **6. September 2013** — Dass an ein und demselben Tag Hitlers Leibwächter Rochus Misch im Alter von 96 stirbt und in Illinois eine angebliche Führer-Pistole versteigert wird, das soll dann wohl auch wieder nur ein Zufall sein.

**«Einmal herumballern
wie ein Diktator – diesen Wunsch
kann man sich jetzt bei
einem US-Auktionshaus erfüllen.»**
— *«Spiegel Online»*

21. September 2013 — Lange nichts mehr von Prince Alyusi Islassis gehört. Er wird die 100 000 Dollar doch bekommen haben? **10. Oktober 2013** — Das ist doch allemal beruhigend: Auf absehbare Zeit wird es wenigstens keinen Krieg um Sand geben. **21. Oktober 2013** — Reemtsma-Entführer Thomas Drach erlebt die Luxusversion einer Haftentlassung. Weil er schon zuvor erklärt hat, sich ins Ausland begeben zu wollen, wird ihm die angeordnete Fußfessel erst gar nicht angelegt. Dafür heften sich in unbekannter Zahl Zielfahnder, Privatdetektive und Kriminelle an seine Fersen, in der Hoffnung, Drach möge sie endlich zum verschwundenen Lösegeld führen. Erster Halt: Niederlande. Viel Spaß auf der weiteren Reise. **23. Oktober 2013** — Es wird bekannt, dass die NSA das Handy der deutschen Bundeskanzlerin Angela Merkel abgehört hat. Jetzt wissen die Amerikaner endlich auch, was die Deutschen schon längst wissen: Sie isst gern Streuselkuchen und legt sich nie fest. Nicht mal auf Streuselkuchen. **27. Oktober 2013** — Augsburg. Ein Jugendlicher fotografiert sein Essen. Ihnen mag das egal sein, liebe Leser. Aber 1562 Personen gefällt das. **17. November 2013** — Bei Ausgrabungen auf dem Berg Sinai entdecken Archäologen die Steintafel mit dem elften Gebot: «Du sollst nicht sollen.» **23. Dezember 2013** — Wir prophezeien: In Zukunft wird jeder einmal für 15 Minuten NICHT berühmt sein. Wer war noch mal Andy Warhol? **24. Dezember 2013** — Acht von zehn Krawatten werden dieses Jahr als Download verschenkt. Wenn Opa das wüsste. **27. Dezember 2013** — Reagan war übrigens nie in Wuppertal. **29. Dezember 2013** — Kurz vor Schluss ein Wort des Dankes: Ohne dich, Jahrhundert, wären wir jetzt nicht hier.

«MEHR ALS DIE VERGANGENHEIT INTERESSIERT MICH DIE ZUKUNFT, DENN IN IHR GEDENKE ICH ZU LEBEN.»

—Albert Einstein

31. Dezember 2013 — Gieselmann, Jonas und Vogelsang verkünden den Weltuntergang. Und nun zum Wetter.